EINE REISE *durch* SÜDAFRIKA

EINE REISE *durch* SÜDAFRIKA

Gerald Cubitt & Peter Joyce

STRUIK

Struik Publishers (Pty) Ltd
(eine Geschäftsabteilung von
The Struik Publishing Group (Pty) Ltd)
80 McKenzie Street
Kapstadt 8001
South Africa

Register Nr. 54/00965/07

Erstausgabe 1986
Zweite Auflage 1989
Dritte Auflage 1990
Vierte Auflage 1992
Fünfte Auflage 1995

mit Ausnahme der nachstehenden Aufnahmen:
Anthony Bannister (vordere Umschlagseite, Reihe 1/3 [ABPL];
Roger Bull (S. 110/6);
Roger de la Harpe (vordere Umschlagseite, Reihe 4/1, S. 113/4 [ABPL]);
Lanz van Hörsten (vordere Umschlagseite, Reihe 1/1)
Anthony Johnson (vordere Umschlagseite, Reihe 2/2)
Walter Knirr (vordere Umschlagseite, Reihe 3/3 und 4/3, S. 53/7, 112/1,
113/5 [Photo Access], 64/2, 65/4);
Jackie Murray (vordere Umschlagseite, Reihe 3/1)
Herman Potgieter (vordere Umschlagseite, Reihe 1/4, S. 64/3);
South African Tourism Board (S. 62/1);
David Steel [Photo Access] (S. 139/7).
Erhardt Thiel [SIL] (S. 183/7)

Quellenangabe der Schwarzweißaufnahmen:
Africana Museum, Johannesburg (S. 9/8-9, 11; S. 16/1, 4; S. 17/9, 13; S. 22/2);
Anglo American Corporation (S. 30/3);
Bureau for Information (S. 42/1);
Die Burger (S. 23/11; S. 30/2, 6; S. 31/7-8, 11; S. 36/1,3,5; S. 37/7-9);
Cape Archives (S. 8/1, 3; S. 9/6-7; S. 16/3, 5; S. 17/8, 12; S. 23/7);
Cape Times (S. 42/2, 4-5);
Cape Times Collection, SA Library (S. 23/10; S. 30/1, 4-5; S. 31/9-10);
The Graphic (S. 16/6);
L Hughes Collection, Johannesburg (S. 17/11);
IDAF (S. 36/2,4; 37/6)
Illustrated London News (S. 8/4);
Killie Campbell Collection, Durban (S. 8/4);
Local History Museum, Durban (S. 9/10);
The Star (S. 42/3);
Sygma (S. 42/4,5,6 [Brooks Craft]; S. 43/7,8,9 [Jon Jones]
Wilson, H.W., After Pretoria (S. 16/2; p 17/10).

Gesamtleitung (5. Auflage): Brenda Brickman
Übersetzung ins Deutsche: Gudrun Grapow
Deutsche Überarbeitung (5. Auflage): Bettina Kaufmann
Umschlagentwurf: Petal Palmer
Entwurf und Gestaltung: Walter Votteler
Entwurf und Gestaltung (5. Auflage): Darren McLean

Photosatz: Struik DTP
Lithographische Reproduktion: Unifoto (Pty) Ltd, Kapstadt
Druck und Bindung: Kyodo Printing Co, (Pte) Ltd, Singapur

ISBN 1 86825 694 4

DAS LAND UND SEINE MENSCHEN

Südafrika ist ein großes Land: für Großbritannien wäre hier fünfmal Platz, während Holland, Belgien, Italien, Frankreich und die Bundesrepublik Deutschland gemeinsam unterkämen. Vom Limpopo im Norden bis zum stürmischen Nadelkap im Süden, vom Namaqualand bis zum subtropischen Natal und dem Indischen Ozean erstreckt sich das gewaltige Land, dessen Gesamtfläche knapp 1,3 Millionen Quadratkilometer beträgt.

Folgt man der Atlantikküste nach Norden, liegt jenseits des Oranje Namibia, Land der Diamanten, Wüsten und Unstimmigkeiten, das der Völkerbund nach dem Ersten Weltkrieg als Mandat an Südafrika vergab. Im fernen Norden stoßen die unabhängigen, schwarzafrikanischen Staaten Botswana, Simbabwe und Moçambique im Uhrzeigersinn an die Republik. Eine abwechslungsreiche Vielfalt!

Vielfalt bezeichnet die Eigenart des südlichen Afrikas, ein schillerndes Kaleidoskop hebt grell die Vielschichtigkeit, die Kontraste und auch die Konflikte einer verwirrenden Mischung der Rassen, Sprachen, Konfessionen und Kulturen hervor. Auch in der Beschaffenheit des Landes macht sich diese Vielfalt bemerkbar, man erkennt sie in geologischen Formationen und Witterungsbedingungen, in den Bergen, Ebenen und Küsten, in Feld, Savanne und Wüste. Überall begegnet man zudem einer außergewöhnlichen Fauna und Flora. Wahrhaftig: In einem Land die Welt!

HOCHEBENE UND FLÄCHE

Die physikalische Geologie belehrt uns über das hohe Alter wesentlicher Gebiete des Subkontinents, den man in 22 physiographische Regionen aufteilte. Einige der Gesteinsschichten des Limpopotals und Nordtransvaals entstanden bereits vor 4 000 Millionen Jahren, bald nachdem die Erdkruste abzukühlen begann. Andere, zur Kalahari-Gruppe gehörende Schichten sind bloße zwei Millionen Jahre alt. Dazwischen liegen zahlreiche Einheiten, die ein Großteil der Erdgeschichte darstellen.

In der geologischen Vielfalt spiegelt sich der Reichtum der Bodenschätze Südafrikas. So umgeben u.a. die uralten Swazi- und Rondi-Systeme die Goldadern, die seit ihrer Entdeckung vor hundert Jahren das stille Highveld am Witwatersrand in ein gigantisches Ballungsgebiet sowie anerkanntes Bergbau- und Wirtschaftszentrum verwandelten. Vor gar nicht langer Zeit fand man auch im Oranjesfreistaat Goldvorkommen. Besonders ertragreiche Eisen- und Manganablagerungen entdeckte man in der nördlichen, beziehungsweise eher westlichen. Landesmitte, während Platin und Chrom in der Nordwestprovinz, Kohle im Karru-System, Diamanten im Kimberlit Nordkaplands vorkommen. Will man die Liste der 59, hier vorhandenen Rohstoffe vervollständigen, muß man auch Kupfer, Zink, Uran, Kobalt und Nickel hinzufügen. Zu all diesen Schätzen fehlte dem Land nur noch das Erdöl, doch an der Südküste stieß man dann auch auf beträchtliche Vorräte, die jetzt – von öffentlichen Mitteln subventioniert – gewonnen werden.

Die Beschaffenheit des Landes. Hätte man die Gelegenheit, von einem Satelliten auf Südafrika hinabzublicken, sähe man ein einfaches geographisches Muster. Zwei physische Zonen lassen sich eindeutig unterscheiden: die große, halbrunde Hochebene des Inlands, die sich über den größten Teil des Subkontinents erstreckt, und die "Grenzzone", der schmale Küstenstreifen mit seinem Hinterland, der das Plateau auf drei Seiten einfaßt. Mit diesen zwei Räumen hängt das dritte Merkmal der Landschaft eng zusammen: eine scharf hervortretende, ununterbrochene Gebirgs- und Hügelkette, die sogenannte Große Schichtstufe.

Die Hochebene bildet die Südspitze des aus der Sahara aufsteigenden Großen Afrikanischen Plateaus, dessen Höhe im südlichen Afrika zwischen den verhältnismäßig geringen 600 Metern des Kalahari-Beckens und den beachtlichen 3 400 Metern der Berge Lesothos schwankt.

Führt man die Unterteilung fort, müssen zuerst die Becken genannt werden: die Baumsavanne im Hochland Transvaals und im Buschmannland, doch auch die obere Karru. Diese tiefsten und trockensten Gebiete der Hochebene faßt man unter dem Begriff "Mittelveld" zusammen. Zweitens verdient es die Hochebene, selbst erwähnt zu werden. Unendliche Flächen mit gelegentlichen Aufschlüssen oder Bergrücken wogen hier im gemächlichen Auf und Nieder dahin. In vier Gebieten erheben sich Gebirge aus der Landschaft: im Osten das Blockgebirge der Lesotho-Hochebene, die westlichen, d.h. die Südkalahari überblickenden Gipfel, und die nördlichen Gebirgsstöcke (Water- und Soutpansberge), die zum Limpopotal abfallen.

Der Rand des Plateaus, die Große Schichtstufe, setzt im Nordosten mit den zerklüfteten Drakensbergen Transvaals ein (höchster Gipfel: Mount Anderson 2 316 Meter), wendet sich darauf nach Süden, wo die noch eindrucksvolleren Gipfel der Nataler Drakensberge in erhabener Schönheit aufragen. Mont-aux-Sources (3 299 Meter), Champagne Castle (3 376 Meter) und Giant's Castle – "Riesenburg" (3 313 Meter) lauten die Namen dieser ehrfurchtgebietenden Höhen. Die Unnahbarkeit des Gebirges erkennt man an der Tatsache, daß eine bestimmte, ungefähr 250 Kilometer lange Strecke nur über den steilen Sanipaß zu bewältigen ist.

Noch weiter im Süden schwenkt die Schichtstufe in einer Reihe kleinerer Gebirge ins Inland: die durch den Burenkrieg berühmt gewordenen Stormberge, die Suurberge und Sneeuberg nördlich des reizenden Städtchens Graaff-Reinet. Dann verschmilzt die Schichtstufe eine Weile lang mit der Ebene, doch bald erhebt sich abermals das Granitgestein des Roggevelds, der Kamiesberge (1 707 Meter) und deren Ausläufer bis ins Namaqualand.

Vor dreihundert Millionen Jahren, als ein einheitlicher Urkontinent – Pangäa – durch die Kontinentalverschiebung auseinander zu driften begann, dann allmählich über Jahrtausende hin die großtektonischen Muster annahm, die wir heute kennen, ließ die Dehnung der Erdkruste die eindrucksvollste Landschaft des schmalen Küstenstreifens entstehen, nämlich das Kap-Faltgebirge.

Zu der Schichtenfolge der parallel verlaufenden Berge des Kaplands, deren scharfe Umrisse über den sie trennenden Tälern sichtbar werden, gehören der Olifants River, Drakenstein, Hottentotts-Holland und die herrlichen Zederberge (höchster Gipfel: Great Winterhoek, 2 077 Meter) im Westen, doch auch die Langeberge, Outeniqua, Tsitsikamma und Swartberge im Osten. Das 30 mal 60 Kilometer große Becken der Kleinen Karru zählt ebenfalls zu diesem Raum.

Ein wesentlich größeres Becken, die flache, weltberühmte Große Karru, erstreckt sich von den Faltenbündeln im Süden und Norden bis zur Schichtstufe im Norden. Das vorwiegend ebene, dürre Gebiet weist jedoch auch imposante Bergschluchten auf, von denen das Valley of Desolation, das "Tal der Verlassenheit", gewiß am eindrucksvollsten ist. Die Bezeichnung "Karru" stammt aus der Hottentottensprache und umfaßt die Begriffe "trocken", doch auch "öde". Trotzdem nimmt man hier und da winzige Dörfchen, gelegentlich eine Schafherde oder ein einsames Farmhaus in dieser endlosen, eigenartig schönen Landschaft wahr.

Wasser in einem ariden Land. Nur ein kleiner Teil Südafrikas erfreut sich starker, regelmäßiger Niederschläge (*siehe* Seite 7). Obendrein wird bloß ein Viertel des Landes von perennierenden Flüssen gespeist, nämlich an der Südküste und in den östlichen Gebieten der Hochebene. Auch kennt man keine wirklichen Seen – Funduzi, ein gewaltiges Binnengewässer in Nordtransvaal, entstand infolge eines riesigen Erdrutsches, während es sich bei den beliebten "Seen" Zululands und in der Umgebung Knysnas eigentlich um Lagunen handelt. Sogar die perennierenden Bäche und Flüsse sind von Regenzeiten und regelmäßigen Niederschlägen abhängig. Noch traurigere Bedingungen herrschen in den großen Flächen des westlichen Inlands, deren episodische Flüsse allein nach den Sommergewittern Wasser führen. Wasser ist in Südafrika ein kostbares Gut.

Der Oranje, der von seiner Quelle in den Drakensbergen Natals bis zu seiner Atlantikmündung 2 250 Kilometer zurücklegt, verfügt über das größte Flußsystem des Landes. Ehe er nach einer Reise durch ödes Gebiet sein Ziel erreicht hat, entfaltet er sich noch einmal, um im Granitgestein der Augrabiesschlucht an der Grenze Namibias schäumend in die Tiefe zu stürzen. Zu den Nebenflüssen des Oranje zählen der Caledon sowie der Vaal, der seinem Großen Bruder zwar an Länge überlegen ist, doch weniger Wasser führt.

Das Einzugsgebiet des Oranje umfaßt beinahe die ganze Hochebene, d.h. 40 Prozent der Gesamtfläche des Landes. Dort, wo die Hochebene nach Osten abfällt, ist die Landschaft dagegen verhältnismäßig wasserreich, da hier zahlreiche Bäche und Rinnsale fließen. Obwohl sich das Einzugsgebiet dieser kleineren Gewässer nur über 12 Prozent der Gesamtfläche erstreckt, sind sie immerhin zu 40 Prozent an der Entwässerung des Areals beteiligt. Von den anderen Flüssen der Hochebene gilt der bereits von Kipling besungene Limpopo, der Grenzfluß im Norden, bestimmt als der berühmteste. Je näher er seiner nördlich Maputos gelegenen Mündung im Indischen Ozean kommt, desto rascher und stärker eilt er ihr entgegen, doch im Vergleich zu anderen Hauptflüssen tritt seine wahre Bedeutung hinter seiner literarischen zurück.

Zu den wichtigsten Flüssen des Grenzgebietes rechnet man den Sundays River und den Großen Fischfluß, die beide im neunzehnten Jahrhundert eine entscheidende Rolle in den oft grausamen Territorialkonflikten zwischen weißen Siedlern und schwarzen Stämmen spielten (*siehe* Seite 25-27), doch auch den lieblichen Berg River im Westkapland sowie den Tugela in Natal, wo die zum Teil grimmigsten Schlachten des Burenkrieges stattfanden.

Stellt man einen Vergleich mit den wichtigsten Strömen der Welt an, erweisen sich die Flüsse Südafrikas als relativ unbedeutend. Gemeinsam führen sie die gleiche Wassermenge wie der Rhein bei Rotterdam, jedoch nur die Hälfte des gewaltigen Sambesi, während ihre Wasserführung der des Mississippi entspricht.

Die Flußsysteme werden von zahlreichen Pfannen ergänzt, die infolge der Verdunstung teilweise Salzböden aufweisen. Groot Vloer im nordwestlichen Kapland ist mit ihren 40 mal 64 Kilometern die größte. Trotzdem steht es um den Wasserhaushalt des Landes schlecht, da die bereits geringen Vorräte durch Verdunstung, durch Abläufe und die ständig wachsende Entnahme zunehmend belastet werden. Aus diesem Grunde faßte man eine Reihe von Projekten ins Auge, die der Rationalisierung der Wasserversorgung dienten und teilweise bereits in die Tat umgesetzt wurden. So staut die Oranje-Anlage jährlich 7 500 Millionen Kubikmeter Wasser, ermöglicht die Bewässerung von 300 000 Hektar Ackerland und trägt 2 200 Millionen Kubikmeter zur öffentlichen Versorgung bei. Auch die riesigen Stauseen Hendrik Verwoerd und P.K. le Roux sowie ein Netz unterirdischer Kanäle gehören zur Infrastruktur des Projekts. In bezug auf Konzeption und Größe noch anspruchsvoller wirkt die Wasserkraftanlage Lesotho-Highlands, in der südlichen Halbkugel eines der ehrgeizigsten Projekte im Hoch- und Tiefbau. Endgültig – im zweiten Jahrzehnt des 21. Jahrhunderts – soll es das sogenannte PWV-Gebiet und seine Umgebung mit 63,6 Millionen m^3/Sek. Wasser versorgen, um somit die jährliche Zuflußmenge des Vaalbeckens effektiv zu verdoppeln, und der Stromversorgung des gesamten Lesotho zu dienen. Beim Abschluß der ersten Phase Ende der neunziger Jahre liefert das Werk voraussichtlich ca. 17 Millionen m^3/Sek. Wasser. Zu der Anlage gehören: ein sich über häufig zerklüftetes, unwirtliches Gelände ausdehnendes Straßennetz, Hunderte Kilometer unterirdischer Sammelleitungen sowie mehrere, durch Steinschüttungen geschaffene Talsperren.

Vegetation. Die Besiedlung Südafrikas durch schwarze Stämme aus dem Norden und weiße Kolonisten, die sich nach Norden und Osten ausbreiteten (*siehe* Teil II, *Die Vergangenheit*), führte zu einer partiellen Vernichtung der einheimischen Pflanzendecke, da die Flora zerstört oder durch exotische Gewächse verdrängt wurde. Man unterscheidet fünf verschiedene Vegetationseinheiten. Sie lauten:

■ *Wüsten und Halbwüsten.* Klammert man die Flächen der Namib aus, da diese sich nicht innerhalb der Grenzen der Republik befinden, müssen hier nur zwei Gebiete eingeordnet werden. Die einzige wirkliche Wüstenlandschaft Südafrikas liegt im westlichen Zipfel des Namaqualandes und erstreckt sich bis zum Unterlauf des Oranje. Je nach dem Standort fällt im Jahresmittel bloß 50 bis 150 Millimeter Niederschlag. In manchen Jahren regnet es überhaupt nicht. Diese Verhältnisse zeigen sich auch an der spärlichen Vegetation: niedrige, dauerhafte Sträucher und Sukkulenten krallen sich in den mageren Boden, während dann im Frühjahr einjährige Pflanzen in voller Pracht und Schönheit erblühen.

Auf etwas höherer Stufe steht die Vegetation der Großen Karru, einer riesigen Halbwüste, deren ungewisse Niederschläge im Jahresmittel zwischen 125 und 375 Millimetern schwanken. Spärliche, widerstandsfähige Sträucher und Sukkulenten sind ein Merkmal der Landschaft, auch Gräser gedeihen hier und ermöglichen bei sinnvoller Bodennutzung die Schafzucht, besonders im milderen Osten dieses Gebietes.

■ *Mittelmeerklima* (Winterregen) im südwestlichen und südlichen Kapland. Obwohl es sich hier um ein verhältnismäßig kleines Gebiet handelt, zählt es dank seiner üppigen Vegetation zu einem der sechs Florenreiche der Erde. Nur in den feuchteren Schluchten stehen Wälder, doch wachsen hier zahlreiche, immergrüne Sträucher, ebenso vielfältige einheimische Arten, die man unter der Sammelbezeichnung *Fynbos* kennt. Zu diesen zählen die berühmten Proteaceae (Protea) des Kaps, Heidekrautgewächse und artenreiche Zwiebelgewächse. Die teilweise äußerst seltenen Pflanzen sind auf eine spezifische Umwelt angewiesen. Vermutlich läßt sich die Geschichte dieser Flora bis in die Urzeit verfolgen, da dem Kapland seit mehreren Millionen Jahren jegliche Vergletscherung erspart blieb.

■ *Die Savanne* bedeckt die niederen Hänge der Hochebene und das Lowveld Osttransvaals, einschließlich des gewaltigen Krüger-Nationalparks. Charakteristisch für die Vegetation der nördlichen Gebiete sind Marula- und Anabäume, Baobabs, Fieberrindenbäume, die weitverbreiteten Mopanebäume und hohe Grasbüschel. Weiter nach Westen hin, in der Dornsavanne der Kalahari, gedeihen widerstandsfähige Akazien wie der Kameldorn, während die spärliche Bodenbedeckung für die Halbwüste typisch ist.

- *Das gemäßigte Hochland* im Landesinnern entspricht mit den ausgedehnten, wogenden Grasflächen gängigen Vorstellungen von der Savanne. Trockenheiten und Frost schaffen eine dem Baumbestand feindliche Umwelt, doch gedeihen einige fremde Arten, wie Weiden und Eucalyptus (Blaugummibaum).
- Die vereinzelten Wälder des *Feuchtsavannengürtels*, die ehemals das gesamte Landschaftsbild beherrschten, fielen dem menschlichen Verwüstungsdrang zum Opfer. Die traurigen Reste dieser einst herrlichen Waldgebiete stehen heute unter Naturschutz. Am bewaldetsten ist der südliche Küstenstreifen, wo stolze Eisen-, Gelb- und Stinkhölzer stehen. Nach Norden hin, an der Natalküste, kommen stellenweise immergrüne, subtropische Baumarten (wie Palmen) vor, während in den Sumpfgebieten Mangroven gedeihen.

OZEANE UND KÜSTEN

Die von zwei Ozeanen umspülte, 3 000 Kilometer lange Küstenlinie Südafrikas erstreckt sich vom Nordwesten, wo der Oranje in den Atlantik mündet, um das häufig stürmische Kap herum bis zum nördlichen KwaZulu-Natal und zur im Osten gelegenen Grenze Moçambiques. Große Strecken dieser Küstenlandschaft vermitteln dem Besucher ein unvergeßliches Erlebnis, andere Flecken bedeuten Anglern, Wellenreitern, Zeltlern und Sonnenanbetern das Paradies.

Grob umrissen unterscheidet man in der Ozeanographie zwei Kategorien, nämlich warme und kalte Meere, die hauptsächlich durch die subkontinentalen Strömungen bedingt sind. Die warmen Wassertemperaturen an der südafrikanischen Ostküste werden durch den aus den Tropen kommenden, großräumigen Stromwirbel verursacht, der sich nach Süden und Südwesten richtet und als schnellfließender Randstrom (Agulhasstrom) sich dann am Nadelkap wieder nach Süden und Osten wendet.

Das aus dem Südatlantik kommende Stromsystem an der Westküste, der nach Norden fließende Benguelastrom, ist wesentlich kälter. Westlich der Kapspitze, doch auch weiter nach Norden hin, spielt selbstverständlich die Schubkraft des Windes in bezug auf die Wassertemperatur eine wesentliche Rolle: die starken ablandigen Winde während der Sommermonate verursachen schließlich das Emporquellen des kalten (teilweise nur 7 °C) Benguelastroms aus den Tiefenbereichen des Meeres.

Im Winter, bei durchschnittlichen Wassertemperaturen von ungefähr 14,5 °C, bewirken auflandige Winde eine völlige Verkehrung der Umstände. Die Topographie der Küste in der Nähe der Kaphalbinsel sowie herrschende Winde führen deshalb zu großen Unterschieden in der Wassertemperatur der nur nach Süden offenen Falsebai und auch der Tafelbucht, die 10 °C oder sogar 12 °C betragen können. An der Kaphalbinsel offenbaren sich wirklich zahlreiche Kontraste, denn abgesehen von dem Phänomen der "zwei Ozeane" macht auch der monolithische Tafelberg seinen entscheidenden Einfluß auf die Witterung geltend: die jährlichen Niederschläge, die man in Newlands mißt, sind wesentlich höher als in Sea Point, in Clifton kann man sich des spiegelglatten Meeres erfreuen, während Milnerton dagegen von Windstärke vier heimgesucht wird.

Die Westküste kennzeichnet eine eigenartige, öde Landschaft. Entlang der Küste, die vom Sand gepeitscht wird, liegen weiße Strände. Hinter diesen erstrecken sich 30 bis 50 Kilometer breite, sanfte und auch häufig wandernde Sandterrassen. Spärliche Vegetation bedeckt die Dünen dieser als "Sandveld" bekannten Welt. Im fernen Norden, an der Oranjemündung, strotzt die steile Küste vor Diamanten, die der Fluß im Laufe der Jahrhunderte aus dem Inland herbeigetragen und hier abgelagert hat, bis verschiedene auflandige Strömungen sie dem Festland zurückgaben.

Die blühende Fischindustrie des Landes ist an der Westküste beheimatet. Vornehmlich im Frühling und Sommer bringt der im Atlantik aufsteigende Strom dem Küstengebiet das für die wertvollen Muschelarten so bedeutende, reichhaltige Plankton. Muscheln sind Strudler, und von ihnen ernähren sich die vielfältigen Wassertiere wie Languste, Seeschnöck und Stockfisch (Hechtdorsch), während der Ozean weiter im Süden gelegentlich von Thunfisch, Fächerfisch (Marlin) und Makrelenhechten wimmelt.

Die Süd- und Ostküste sind wesentlich dichter besiedelt und auch bei Touristen beliebter. Ein bestimmter Teil der Südküste und deren Hinterland hat aber Vorrang: die 220 Kilometer lange Gartenroute (Gartenstraße), die sich ungefähr von Mosselbai im Westen bis zum Tsitsikamma-Wald und Storms River im Osten erstreckt. In diesem üppigen Gebiet wechseln sich hübsche Buchten und Strände mit Klippen und tobender Brandung ab, während die herrlichen Outeniquaberge über der Landschaft thronen.

Im Osten winken dem Besucher die ebenso beliebten, südlich und nördlich von Durban gelegenen Küsten. In einer erstaunlich geraden Linie (Durban, mit seinem 16 Kilometer langen Vorland bildet hier die Ausnahme) ziehen sich die breiten, sandigen Strände hin, die allmählich zu flachen Dünen ansteigen.

Tatsächlich erfreut sich die gesamte Küste der Republik nur ganz weniger, natürlicher Häfen. Die kaum gebuchtete Küste verfügt zwar über geeignete Flußmündungen, doch verhindern Sandbänke, die den Meeresströmungen und beträchtlichen Ablagerungen der episodischen oder schnellfließenden Flüsse mit starkem Gefälle zuzuschreiben sind, die Nutzung der Wasserläufe. Allein East London am Buffalo im entlegenen Ostkapland brüstet sich mit einem Flußhafen, doch sind auch dort ständige Baggerarbeiten erforderlich. Am berüchtigsten ist zweifellos die Durban vorgelagerte Sandbank. Heute befindet sich hier einer der größten und betriebsamsten Häfen der südlichen Halbkugel, doch erst nach Jahrzehnten fruchtloser Experimente mit Molen und Sandpumpen konnte 1892 endlich das erste Linienschiff, die *Dunrobin Castle* (2 820 BRT) einlaufen.

KLIMA

Die Wetterlage ist von verschiedenen Meeresströmungen, der Höhe, den herrschenden Winden und der unterschiedlichen Topographie der Räume abhängig, man beobachtet deshalb erhebliche regionale Schwankungen in den Klimaverhältnissen.

Den Niederschlägen entsprechend unterscheidet man drei ausgedehnte, scharf umrissene Gebiete. An der südwestlichen Spitze des Subkontinents, im Umkreis Kapstadts, gibt es regenreiche Winter, im südlichen und östlichen Küstengebiet verteilen sich – besonders unter günstigen Bedingungen – die Niederschläge auf das ganze Jahr. Vor allem in KwaZulu-Natal können die ergiebigen Niederschläge dem Tropenregen gleichgesetzt werden, im übrigen Land, d.h. im Binnenhochland und im Osten, kennt man die vom Nordostwind begünstigten Sommergewitter. Damit soll jedoch nicht behauptet werden, das Land sei im ganzen wasserreich, im Gegenteil, Südafrika gehört zu den trockneren Gebieten der Erde, denn die Niederschläge liegen hier bei knapp über 460 mm im Jahresmittel, während der globale Niederschlag durchschnittlich 857 mm beträgt. Ferner erweisen sich die Niederschläge oft als unberechenbar, Trockenheiten kommen häufig vor. Je weiter man sich nach Westen begibt, desto geiziger verhält sich der Wettergott: an der Küste des Indischen Ozeans und im Hinterland KwaZulu-Natals erwartet man jährlich 1 000 mm, im äußersten Westen des Landes dagegen durchschnittlich 200 mm, in den wahren Einöden bloße 50 mm Niederschlag.

Größere Einheitlichkeit zeigt sich aber hinsichtlich des Jahresmittels der Temperaturen. Entgegen allen Erwartungen wird es nämlich in den nördlichen Gebieten durch den Einfluß des Binnenhochlands

BESIEDLUNG UND EROBERUNG. Vom Ende des fünfzehnten Jahrhunderts bis ins sechzehnte hinein erkundeten portugiesische Seefahrer für Gott und den Gewinn ihrer königlichen Schirmherrn die stürmische Küste des südlichen Afrikas, umrundeten das Kap und fanden Seewege zu den Gewürz-Inseln. Die erste wirkliche Siedlung an der afrikanischen Südspitze gründeten aber die Holländer, nachdem Jan van Riebeeck im April 1652 mit einigen anderen Beamten der Holländisch-Ostindischen Kompanie hier gelandet war. 150 Jahre vergingen, ehe es den Engländern endgültig gelang, die Verwaltung des Gebiets an sich zu reißen. In dieser Zeit hatten die Holländer weitere Landstriche nach Norden und Osten hin urbar gemacht und in ihrer Begegnung mit den Nguni häufig blutige Zusammenstöße erlebt. Um den zahlreichen Auseinandersetzungen im Grenzgebiet die Spitze zu bieten, bemühten die Engländer sich darauf um ein umfangreiches

1

2

3

Einwanderungsprogramm, während die Buren einer ihnen feindlichen Verwaltung und den lähmenden Kriegen gegen die Xhosa den Rücken kehrten und zu trecken begannen. Sie gelangten nach Natal, doch durchquerten sie auch den Vaal und den Oranje und befanden sich jetzt im Reich schwarzer Häuptlinge, von denen der außergewöhnliche Mzilikazi der mächtigste war. Die Engländer beschäftigten sich inzwischen mit der Kolonisierung der Ostküste. Gegen Ende der 1870er Jahre hatten sie die Zulu in ihrer Gewalt und bewirtschafteten mit Hilfe ihrer indischen Vertragsarbeiter das üppige Natal.

Eine portugiesische Expedition errichtet ein *padrão,* ein Steinkreuz, an der Westküste. (1). Jan van Riebeecks Ankunft in der Tafelbucht. (2). Die Buschmänner (3) waren die auf dem Subkontinent herrschende Rasse, ehe sie durch verschiedene Wanderungen bantusprachiger Völker und die unermüdliche Verfolgung des Weißen fast gänzlich ausgerottet wurden. Die geschickten und zähen Hugenotten (4) gesellten sich 1688 der kleinen, holländischen Gemeinde zu. Britische Truppen am Kap, 1814. (5). Die ersten englischen Siedler landen 1820 im östlichen Kapland. (6). Lord Charles Somerset (7), der sich besonders eifrig für die Anglisierung des Kaps einsetzte. Die Trecker wehren den Angriff der *impis* Mzilikazis bei Vechtkop ab, 1836. (8). Während des Krieges der Axt (9), dem siebten der neun Grenzkriege zwischen 1719 und 1878, bekämpften sich Engländer und Xhosa. Der Zulukönig Schaka stellt Leutnant Farewell und den ihn begleitenden Kaufleuten Land um Port Natal zur Verfügung, 1824. (10). Die Ankunft indischer Vertragsarbeiter in Durban. (11).

4

5

6

7

8

10

9

11

nicht wesentlich heißer als im Süden. Gelegentlich erfährt Kapstadt trotz einer Temperatur von nur 17 °C im Jahresmittel eine brütende Hitze. In Pretoria dagegen, das den Tropen ganze 1 500 Kilometer näher liegt, kann es frieren, und doch beträgt das hiesige Jahresmittel bloß einen halben Grad mehr. Die vorwiegend höheren Lufttemperaturen im Osten gehen auf die Einwirkung des warmen Agulhasstroms an der einen, und des kalten Benguelastroms an der anderen Küste zurück. Auch bei Temperaturinversionen der verschiedenen klimatischen Räume bemerkt man beachtliche Unterschiede. An der Küste kommen sie seltener vor, im Inland jedoch können klare Winternächte bitterkalt sein, auch wenn ihnen sonnige, milde Tage folgen.

Südafrika ist wirklich mit viel Sonnenschein gesegnet, dem Gebiet entsprechend beobachtete man hier durchschnittlich zwischen 7,5 und 9,5 wolkenfreie Stunden am Tag (New York 6,9; Rom 6,4; London 3,8). Im staubigen, trockenen Westen konnten jährlich nur circa zehn bewölkte Tage verzeichnet werden.

Das Klima jenseits der Großen Schichtstufe im Landesinnern gibt sich verhältnismäßig einheitlich: dem äußerst trockenen, sonnigen Winter folgen Sommertage (von ungefähr November bis Februar) mit turmartigen Gewitterwolken und nachmittäglichen Regengüssen. So kennt man auf jeden Fall die Witterung des nördlichen Zentralgebiets und auch des Ostens.

In den Küstengebieten erweist sich das Klima jedoch als wesentlich abwechslungsreicher. Der Südwesten des Kaplandes – also Kapstadt, die Halbinsel, die umliegende Küste und das Hinterland – verdankt seine Sonderstellung dem außergewöhnlichen Mittelmeerklima. Während der trockenen Sommermonate schenkt ein wolkenloser Himmel manchmal fast vollkommene, lähmend stille Tage, vor allem, wenn heiße Nordwinde zu Föhnwetter führen. Dann ist das Gebiet auch wieder den zermürbenden Stößen des Südostwinds ausgesetzt, der das Land oft orkanartig heimsucht. Im Winter herrscht nasses, kühles, manchmal kaltes Wetter, so daß die umliegenden Berge schneebedeckt sind. Die schönsten Monate am Kap erlebt man während des kurzen Frühlings, ebenso im Herbst, wenn die Blätter sich verfärben und die klare Luft das Gemüt erfüllt und belebt.

Nach Norden hin, an der Namaqualandküste, wird das Klima trockner und heißer, bis man endlich die Skelettküste und die endlosen, wasserlosen Gebiete der Namib erreicht. Im Frühling bedeckt die Landschaft des Namaqualands nur wenige Wochen lang ein buntfarbener, zarter Blütenteppich.

An der anderen, sich von Port Elizabeth aus erstreckenden Küste, wechseln gemäßigte Verhältnisse und Mittelmeerklima einander ab. Auch hier kennt man warme, windige Sommermonate und kühle Winter. Unter normalen Bedingungen sind auch ganzjährige Regenfälle zu erwarten, doch das Ostkapland wurde bereits häufig von schrecklichen Dürren heimgesucht. Weiter an der Küstenlinie des Indischen Ozeans entlang bemerkt man die subtropischen Gebiete KwaZulu-Natals mit ihrer feuchtschwülen Sommerhitze und dem darauffolgenden frischen bis warmen Winter. Während des Sommers nehmen die ganzjährigen Niederschläge dieser Region zu.

DIE MENSCHEN

Südafrikas Bevölkerungszahl schätzt man auf 40 Millionen Menschen – trotz verschiedener Volkszählungen sind genauere Angaben undenkbar, da die Daten zur Zeit ihrer Dokumentierung bereits als überholt gelten. Die Unmöglichkeit, eine exakte Statistik aufzustellen, hängt mit der Eigenart der Gesellschaft, der Mobilität und, bis vor kurzem, der Feindseligkeit einiger ihrer Elemente zusammen.

Die vier ethnischen Gruppen umfassen ungefähr 30 Millionen Schwarze, fast fünf Millionen Weiße, knapp unter einer Million Menschen asiatischer Herkunft und drei bis vier Millionen Mischlinge.

Innerhalb dieser Gruppen bemerkt man wesentliche Unterschiede in bezug auf die Wachstumsraten. Die meisten Schwarzen stammen vom Lande, aus Bauernfamilien mit engem, traditionellem Stammesverband. Familienplanung wird durch kulturelle Tabus und bestehende, wirtschaftliche Voraussetzungen erschwert, denn als anerkannte und wirklich sinnvolle Sozialunterstützung gilt die Großfamilie. Wie in anderen Teilen der Welt haben auch in Südafrika die Ärmeren, weniger Gebildeten im allgemeinen große Familien. Die zunehmende Verstädterung und ein verbesserter Lebensstandard stellen jedoch den Rückgang der Wachstumsraten in Aussicht.

Augenblicklich nimmt die Bevölkerungszahl der Schwarzen jährlich mit fast 2,7 Prozent zu, man rechnet daher gegen Ende des Jahrhunderts mit einer schwarzen Bevölkerung von beinahe 40 Millionen. Unter den Weißen beträgt die Wachstumsrate 1,5 Prozent (von Abwanderung abgesehen), man schätzt ihre Zahl im Jahre 2000 auf 5,5 Millionen. Für die übrige Bevölkerung gelten folgende Raten: Mischlinge zwei Prozent, asiatischer Herkunft 2,4 Prozent.

Der Reichtum des Landes und seine Bodenschätze bedingten die Bevölkerungsdichte, relativ dicht besiedelt sind daher die Süd- und Ostküste, das Inland KwaZulu-Natals, ebenso das Gebiet Pretoria-Witwatersrand-Vereeniging sowie der mittlere Oranjefreistaat. Als besonderes Merkmal der vergangenen Jahrzehnte fällt die Verstädterung auf, d.h. die Abwanderung der Schwarzen vom Lande in die Städte. Durch die Entwicklung der Industrie seit dem Zweiten Weltkrieg winkten Arbeitsplätze, oder es winkte wenigstens die Aussicht auf Arbeitsplätze in den wichtigsten Kerngebieten und lockte begreiflicherweise Schwarze zu Hunderttausenden in die Städte. Diese Menschen hätten sich sonst recht und schlecht auf dem Lande durchschlagen müssen, um endgültig ohne moderne Anlagen und Hilfsmittel auf ihrem von Dürren, räuberischer Ausbeutung und Erosion ausgemergelten Boden doch unentwegt weiter zu verarmen.

Das größte Ballungsgebiet ist im Dreieck Pretoria-Witwatersrand-Vaal gelegen, dem Kerngebiet der südafrikanischen Industrie. Dieses gewaltige Zentrum, in dem ein jeder Betonkern von seinen eigenen Schlafstädten umgeben ist, leben circa sechs Millionen Menschen. Obwohl sich dieser riesige Komplex über weniger als einen Prozent der Gesamtfläche des Landes erstreckt, fand ein Fünftel seiner Bevölkerung hier eine Heimat.

Soweto – ein Akronym für South Western Townships – bestand ursprünglich nur aus einer Reihe von "Locations", in denen die Gastarbeiter der Goldbergwerke Johannesburgs unterkamen. Heute ist es eine eigenständige Stadt mit ungefähr zwei Millionen Einwohnern (so lauten jedenfalls die amtlichen Zahlen, tatsächlich handelt es sich wahrscheinlich um wesentlich mehr), und zu seinen Pendlern zählen Akademiker, Handwerker, leitende Angestellte sowie Bergleute, Arbeiter, Selbständige und Arbeitslose.

Eine ähnliche, wenn auch nicht ganz so erstaunliche Entwicklung beobachtet man in den anderen Zentren: Kapstadt, Port Elizabeth und Durban-Pinetown. Einer Schätzung nach sollen die 17 Millionen, in südafrikanischen Städten lebenden Schwarzen im Jahre 2050 auf weit über 60 Millionen angewachsen sein. Man befürchtet dabei "eine der schwerwiegendsten Bevölkerungsfragen des nächsten Jahrhunderts". Gewiß ist bei der Massenabwanderung notwendigerweise mit Schwierigkeiten zu rechnen, doch gilt in Fachkreisen die Verstädterung heutzutage kaum noch als Problem, eher als ein natürlicher und zudem vollkommen unvermeidlicher Prozeß, der einige der akutesten Schwächen des Landes überhaupt kurzschließen oder wenigstens verringern könnte.

Lösungsversuche wie Dezentralisierung und Zustromkontrolle erwiesen sich als äußerst kostpielig, nicht nur in finanzieller Hinsicht, sondern auch in bezug auf zwischenmenschliche Beziehungen und Menschenwürde. Legt man der zunehmenden Verstädterung keine Schranken auf, muß man mit der Entstehung massierter Großstädte rechnen, andererseits ist es vermutlich leichter, Arbeitsplätze, Häuser, Krankenhäuser, Schulen, Elektrizität, sanitäre Anlagen und andere Voraussetzungen eines angenehmeren Lebens zu schaffen, wenn diese Neuerungen innerhalb eines existierenden Rahmens geschehen. Obendrein besteht kein Zweifel darüber, daß die moderne Großstadt, abgesehen von der hier konzentrierten Arbeitskraft, den technischen Fertigkeiten und dem Fachwissen, vielfältigere Funktionen übernimmt und auch wirtschaftlich unabhängig werden kann, um so ihrem eigenen Vorteil und dem ihrer Bürger zu dienen. Diese von vielen maßgeblichen Südafrikanern vertretene Meinung stellt eine radikale und erfreuliche Umkehrung der früher gehuldigten Ansichten dar. Während die politische Freiheit im neuen Südafrika die Sozialdemokratie einleitet, besteht auch die Möglichkeit, über die Menschen Südafrikas zu schreiben, ohne sich auf Rassenschranken zu beziehen, augenblicklich verbindet die Gruppen jedoch kein gemeinsames Erbe und sind sie weder durch Gesetz noch Überzeugung integriert. Ein wirklich objektiver Überblick setzt daher die Berücksichtigung der unterschiedlichen Identität voraus.

Die Schwarzen. Obwohl historische und kulturelle Bande zwischen ihnen bestehen, können die Schwarzen Südafrikas aufgrund ihrer Bräuche, Sozialstruktur und Sprache gruppiert werden. Weder Parteipolitik (der Afrikanische Nationalkongreß wird beispielsweise von Vertretern aller Schichten unterstützt) noch Verstädterung umreißen diese Differenzierung wirklich scharf, dagegen gelten die wesentlichen schwarzen Gruppen in anderer Hinsicht als Gemeinschaften mit unverkennbaren Merkmalen. Man unterscheidet die Zulu, Xhosa, Swasi (drei verwandte, zur Nguni-Gruppe gehörende Stämme), die Nord-Sotho, Süd-Sotho und Tswana (sie gehören der gleichen, wesentlichen Sotho-Gruppe an, von der die Tswana ein westlicher Zweig sind), die Süd- und Nord-Ndebele, die Venda und Lemba, sowie die Schangaan-Tsonga. Also steht es um die Gruppierungen ungefähr folgendermaßen:

■ Die zwei bedeutendsten Stämme der Nord-Nguni sind die Swasi, die sich hauptsächlich im unabhängigen Königreich Swasiland im Nordosten des Subkontinents niederließen (Hunderttausende ihrer Brüder leben zudem im Umkreis des früheren, selbstregierten Nationalstaats KaNgwane) und die Zulu, einst mehrere Untergruppen, die der mächtige Herrscher Schaka im 19. Jahrhundert zu einer einzigen, starken und eng verbundenen Nation vereinte.

Grob umrissen erstreckt sich Zululand, die historische Heimat der Ost-Nguni, vom Tugela nach Norden bis an die Grenze Swasilands und Moçambiques. Mit ca. sieben Millionen Menschen stellen die Zulus den größten ethnischen "Block" des Landes dar. Im Grunde genommen ist Häuptling Mangosuthu Buthelezi ihr politischer, König Goodwill Zwelethini ihr geistiger Führer, der als Hüter der Ländereien der Vorväter und des kulturellen Erbes auftritt. Bis vor kurzem galt das angeblich unabhängige KwaZulu, eine Schöpfung der "großen Apartheid", als ihr Homeland. Anfang der neunziger Jahre beharrten beide Männer während der langwierigen Unterhandlungen um eine Übergangsverfassung auf der fortgesetzten Automomität der Zulu, ein Standpunkt, der zu tragischen Todesfällen und einmal fast zum Bürgerkrieg führte. In letzter Minute gingen beide jedoch innerhalb des neuen Bundes einen Kompromiß ein (*siehe* Seite 39). Buthelezi, der sich so lange und entschieden gegen die Apartheid und für die Demokratie eingesetzt hatte, wurde zum Innenminister der neuen Übergangsregierung. Er hat jedoch keine Illusionen über die Schwierigkeiten, mit denen eine überstarke Zentralregierung in einem ethnisch vielfältigen Staat rechnen muß, und fördert weiterhin die Dezentralisierung. Die Zulus, meint er, sollen ihr Schicksal selbst bestimmen.

■ Die Bezeichnung Süd-Nguni umfaßt verschiedene Untergruppen, von denen die zahlenmäßig stärksten die Pondo, Tembu, vor allem jedoch die Xhosa sind. Zwischen den letzteren und den Weißen kam es im achtzehnten und neunzehnten Jahrhundert häufig zu den berüchtigten, blutigen Grenzkriegen.

Diese Nguni bewohnen die früheren, sogenannten unabhängigen Republiken Transkei und Ciskei, die 1994 schließlich der Ostkapprovinz angegliedert wurden.

■ Den Ndebele-Stamm im Norden nennen die Matabele Simbabwes ihren Bruder, der ebenfalls zu den Nguni zählt. Ihr Stammvater Mzilikazi empörte sich gegen Schaka und ließ sich im Jahre 1838 endgültig und nach einer grauenhaften Odyssee mit seinen Anhängern nördlich des Limpopo nieder.

Die Ndebele Nordtransvaals, die bis 1994 im selbstverwalteten Staat KwaNdebele lebten, unterscheidet man wiederum als südlichen, dem Erbe der Nguni verbundenen Zweig und als nördlichen, der Identität und Sprache der Nguni abgelegt hat und sich jetzt der Kultur der Sotho verbunden fühlt. Und – um den Leser gänzlich zu verwirren – bei den letzteren unterscheidet man drei verschiedene, doch verwandte Gruppen:

■ Die Nord-Sotho, deren zahlenstärkster Stamm sich Pedi nennt, wohnen im Bezirk Lebowa in Nordtransvaal; die Süd-Sotho fanden nicht nur im benachbarten, unabhängigen Königreich Lesotho eine Heimat, sie bewohnen auch den ehemaligen Nationalstaat QuaQwa im Oranjefreistaat, während die Tswana in der früheren Republik Bophutatswana leben. Dieses sich über mehrere Areale erstreckende Gebiet umfaßt Mmabatho sowie den beliebten Fernsehsender und das glitzernde Touristenmekka Sun City. Im Nachbarstaat Botswana sind noch andere Tswanagruppen beheimatet.

■ Auch die ca. 400 000 vhaVenda verfügten bis zu ihrer abermaligen Eingliederung im Jahre 1994 über ihren eigenen Nationalstaat, in dem ebenfalls das allmählich in den anderen Stamm aufgehende Volk der Lemba lebt.

■ Die etwas über eine Million zählenden Schangaan-Tsonga sind die Nachbarn der vhaVenda und Nord-Sotho. In Südafrika wohnen die Schangaan im Umkreis Gazankulus in der Provinz Nordtransvaal, sie breiten sich aber zu beiden Seiten der Grenze zwischen Südafrika und Moçambique aus.

Die obenstehenden Ausführungen mögen den Eindruck erwecken, daß die schwarzen Gemeinschaften Südafrikas zäh an ihren Traditionen festhalten und sich im wesentlichen des westlichen Einflusses entziehen – dies ist offensichtlich nicht der Fall. Natürlich bestehen Sitten, Bräuche und uralte Treuepflichten, vor allem, jedoch nicht ausschließlich, auf dem Lande. Sie gelten besonders bei der Werbung und Eheschließung (z.B. Vielweiberei), bei Erb- und Vormundschaftsangelegenheiten, in bezug auf den Vorrang des Alters innerhalb des Clans, bei Verwandtschaftsbanden, der sozialen Ordnung, dem Ahnenkult, den Bedingungen der Pacht und des Eigentums.

Das ist das alte Afrika. Daneben besteht (oft recht unbequem) das neue, das endgültig an seine Stelle treten wird. Viele der zehn Millionen Städter gelten schon seit der zweiten oder dritten Generation als Stadtbewohner, Hunderttausende sind Wanderarbeiter, doch alle haben die Segnungen und den Fluch der Erwerbsgesellschaft am eigenen Leib erfahren.

In den Städten wurden die Gesetze der Stammesordnung größtenteils untergraben, eine vorläufige und doch klar erkennbare Subkultur verdrängte sie, deren Palette von der Gesellschafsstruktur, dem Familienleben bis zur Musik, Literatur und Sprache alles einschließt, in manchen tragischen Fällen sogar alles vernichtet.

Die Beantwortung der Frage, wie die Verstädterung und der damit verbundene Angriff auf afrikanisches Erbgut einzustufen sei, läßt nur subjektive Folgerungen zu. Die Unabänderlichkeit dieses Vorgangs steht allerdings nicht mehr zur Debatte. Das von einem neuen schwarzen Establishment regierte Industrieland Südafrika wird von den Fertigkeiten seiner vorwiegend schwarzen Arbeitskräfte am Fließband immer abhängiger. Die Armen müssen dagegen dorthin ziehen, wo es Arbeit gibt. So schreitet die Vergrößerung der Städte fort, wirtschaftliche Schwerpunkte verlagern sich.

Der schwarze Südafrikaner bestimmt seit 1994 die Zukunft des Landes, und obwohl das Wirtschaftssystem immer noch von weißen Geschäftsleuten beherrscht wird, beeinflussen Schwarze die Verhältnisse am Arbeitsplatz entscheidend. Das zeigt sich an dem gemeinschaftlichen Vorgehen der Gewerkschaften und deren Forderungen, gelegentlich auch an dem weniger geordneten Verbraucherboykott. Hieraus ergaben sich schwerwiegende, politische Implikationen während der letzten Jahre der weißen Vorherrschaft, die sich auch weiterhin auf die neue Ordnung auswirken werden.

Die organisierte Arbeiterschaft hat in der Politik eine Schlüsselstellung und ist bemüht, die Wirtschaftsplanung auf höchster Ebene mit sozialistischen Tendenzen zu beeinflussen, um das Los der Arbeiter durch Tarifverhandlungen und politische Massenaktion endlich zu verbessern. Wenig spricht jedoch dafür, daß sich die Arbeiterführer der Notwendigkeit bewußt sind, die Lohnstufen an die Produktivität zu koppeln. So lange dieses Bewußtsein fehlt, wird sich für Industrie und Handel der Schwerpunkt immer stärker auf kapitalintensive Investitionen verlagern, während das Angebot auf dem Arbeitsmarkt zurückgeht oder sogar eine nominelle Verringerung der Arbeiterschaft eintreten könnte. Die besorgniserregende Arbeitslosigkeit ist bereits eine äußerst starke Belastung für Südafrika; von zehn Schulabgängern findet weniger als einer in der Wirtschaft eine Beschäftigung, eine Situation, die sich bereits negativ auf das gesamte sozioökonomischen Spektrum auswirkt. Unter diesen Umständen sind die Bemühungen, eine gemeinsame Basis für Regierung, Großkonzerne und Gewerkschaften zu finden, von entscheidender Bedeutung.

Die Asiaten. Da in der Mitte des neunzehnten Jahrhunderts auf den Zuckerrohrplantagen Natals Arbeitskräfte gebraucht wurden, führte man diese zu Tausenden aus Indien ein. Der Arbeitsvertrag lief nach drei oder fünf Jahren ab, daraufhin stand es den Arbeitern frei, diesen zu erneuern, in die Heimat zurückzukehren oder sich von der Krone Land zur eigenen Bewirtschaftung zuweisen zu lassen. Die meisten entschlossen sich für das letztere.

1860 lief bereits das erste Schiff mit Arbeitern ein, doch bald schlossen sich ihnen nicht unter Vertrag stehende "Passagiere" an, denen Natal zur Wahlheimat wurde. Heutzutage zählt die asiatische Bevölkerung Südafrikas ca. 900 000 Menschen, von denen die meisten, nämlich 85%, in und um den Komplex Durban-Pinetown leben, 100 000 Menschen asiastischer Herkunft sind obendrein am Witwatersrand und in Pretoria ansässig. Zu den letzteren gehört auch die 10 000 Personen starke Gemeinschaft chinesischer Abstammung, deren kulturelle Identität sich weitgehend erhalten konnte.

Die indische Gemeinschaft ist im allgemeinen wohlhabend und legt auf Tradition großen Wert, die – im Religiösen verwurzelt – zusammen mit dem *Katum*, der patriarchalischen Großfamilie, die Verwandtschaftsbande und auch soziales Verhalten bestimmen. Trotz ihres erstaunlichen Zusammenhalts spielt der Glaube des Einzelnen in der Gruppe, sei es Hindu oder Muslim, eine wesentliche Rolle. Bei den Hindu, die man wiederum nach den vier Sprachgruppen Tamil, Telugu, Hindi und Gujarati unterscheidet, gelten besonders strenge Regeln in bezug auf Verhaltensweise, Manieren, Ritual, Speisen und Getränke. Die Muslime sprechen dagegen Urdu sowie Gujarati, die Sprache des westlichen Indiens, und halten sich an streng definierte, Glauben und Verhalten bestimmende Vorschriften. Doch auch hier wird das Althergebrachte untergraben, vor allem bei der jüngeren Generation. *Izar* und *Qami*, *Dawni* und Sari weichen zwar nicht unbedingt T-shirt und Jeans, doch bemerkt man durchaus die stärkere Vorliebe für konservativere westliche Kleidung, auch die Kleinfamilie setzt sich zunehmend durch, die traditionell männliche Autorität wird nicht mehr fraglos akzeptiert, junge Inderinnen führen ein weitaus freieres Leben als ihre Mütter und Großmütter, und zur gegenseitigen Verständigung bevorzugt man im allgemeinen die englische Sprache.

Die indische Gemeinschaft war schon immer wesentlich an der südafrikanischen Wirtschaft beteiligt, dafür bürgt der außergewöhnlich hohe Prozentsatz gehobener Berufe und erfolgreicher Geschäftsleute; Grundrechte wurden den Indern jedoch erst vor kurzem zuerkannt. Sie lehnten sich aber von Anfang an gegen Vorurteile und formelle Diskriminierung auf. Der Nataler Inderkongreß wurde 1894 von Mohandas Ghandi gegründet, dem Mahatma ("große Seele"), und dank seiner Führung und Inspiration konnten zwischen 1906 und 1914 mutige, teilweise erfolgreiche Kampagnen des "passiven Widerstand" geführt werden.

Aus dieser Organisation erwuchs der Transvaaler Inderkongreß und 1920 der übergreifende Südafrikanische Inderkongreß (SAIC). Bis zur Verabschiedung der Asiatic Land Tenure Act im Jahre 1946 (die u.a. Besitzrechte und Inbesitznahme des von Indern bewohnten Bodens energisch einschränkte), galt der SAIC als gemäßigte Pressuregroup, verhielt sich darauf jedoch immer militanter. 1949 verband er sich dem Afrikanischen Nationalkongreß und unterschrieb 1954 die Freedom Charter, das Manifest der mächtigsten Befreiungsbewegung.

Südafrikanische Mischlinge ("Coloureds"). Die drei Millionen Farbigen dieses Landes, die hauptsächlich im westlichen Kapland leben, sind verschiedener Herkunft. Die frühen holländischen Siedler führten Sklaven aus dem Osten, dem übrigen Afrika und von Inseln im Indischen und Atlantischen Ozean ein, die sich nach und nach mit Khoikhoi, Xhosa und Weißen vermischten.

Zu den anderen wichtigen Untergruppen gehören die in den nordöstlichen und nordwestlichen Gebieten lebenden Griquas (aus der Verbindung zwischen Weißen und Khoikhoi entstanden), die Mischlinge Natals, deren Herkunft man oft auf Immigranten aus Mauritius und St. Helena zurückverfolgen kann, und die 200 000 Muslime am Kap, eine eng zusammengewachsene Gemeinschaft, die sich seit der Ankunft ihrer Vorväter aus Indonesien, Madagaskar, Ceylon (Sri Lanka) und China streng den Gesetzen des Islam unterwirft.

Im großen und ganzen fühlen sich die Mischlinge Südafrikas in erster Linie der Kultur des Westens verbunden. Ungefähr 87% dieser Bevölkerungsgruppe hängt dem christlichen Glauben an, die Mehrheit nennt Afrikaans ihre Muttersprache, und in bezug auf ihre Lebensweise, Sozialstruktur, ihre Hoffnungen und Wünsche trennt sie wenig von den Weißen. Erzwungene Rassentrennung läßt sich grundsätzlich niemals verteidigen, warum aber gerade sie einem solchen Versuch anheimfallen sollten, leuchtet niemand ein. Tatsächlich waren sie bis vor kurzem fast gänzlich in die Gemeinschaft am Kap aufgegangen, verfügten u.a. über das Wahlrecht, bis diese Berechtigung in den 1950er Jahren verfiel. Man wies ihnen besondere Wohngebiete zu, und Ende der 70er und Anfang der 80er Jahre ebnete man den berühmten District Six im Herzen Kapstadts ein, und zwang die meisten seiner Bewohner, in die riesigen, neuen Townships zu ziehen. Diese Zwangsumsiedlung schuf viel böses Blut, und District Six liegt bis zum heutigen Tage fast gänzlich brach, ein Schandmal im Stadtbild und in der Seele der Stadtbewohner.

Heutzutage sind die Farbigen stark im Kabinett und der Legislative der Provinz Westkapland vertreten und haben in der Zentralregierung eine Schlüsselstellung.

Die Weißen. Fast das gesamte 20. Jahrhundert hindurch gab es in Südafrika zwei Amtssprachen (heutzutage sind es elf, doch Englisch scheint sich als Kommunikationsmedium unerbittlich durchzusetzen), an denen sich die zweifache Herkunft der ehemals politisch führenden Kulturgruppen offenbart.

■ Die heute über 2,5 Millionen Afrikaaner stammen von Holländern, die sich früh am Kap ansiedelten, sowie anderen Nationalitäten ab. Ihre aus dem Hochholländischen abgeleitete Sprache übernahm nach drei Jahrhunderten der Trennung von der alten Heimat neue

Wörter und Strukturen der Wahlheimat an. Von entscheidender Bedeutung erwiesen sich deutsche und französische Zuwanderer, während Schwarze ihren Einfluß linguistisch geltend machten. In den Adern der Afrikaaner fließt tatsächlich vielerlei Blut. Man stuft das Maß ihrer Erbfaktoren etwa so ein: 40% holländisch, ebenfalls 40% deutsch, 7,5% britisch (hauptsächlich schottisch), 7,5% französisch und fünf Prozent anderer Herkunft. Der Bezug zum Französischen geht auf die Hugenotten zurück, die in den 1680er Jahren vor der Verfolgung aus Europa flohen. Namen wie du Plessis, du Toit und Marais erinnern an sie. Eigenartigerweise scheint sich in Sprache, Sitten oder Nomenklatur wenig vom Deutschen erhalten zu haben.

Im Laufe der Jahrhunderte verursachte weniger die Zuwanderung als die natürliche Vermehrung der Afrikaaner das Wachstum dieser Bevölkerung (gewisse Namen scheinen wiederholt aufzutauchen, man denke nur an die zahlreichen Bothas, Malans,van der Merwes). Die Neigung zu großen, patriarchalischen, calvinistischen, engverbundenen Familien, der Zusammenhalt der Clans – ein weltweites Merkmal der Pioniere – zeigte sich immer wieder.

Von Uneinigkeiten zeugt die Geschichte des Afrikaaners, auch von seinem glühenden Nationalstolz, seiner Einigkeit in Notzeiten, seinem zähen Einsatz für die exklusive Erhaltung der eigenen Kultur. Dieses Verhalten ist durchaus verständlich, denn die ersten Pioniere, vornehmlich im östlichen Kapland, sahen sich in einen endlosen Streit verwickelt, sei es gegen die unwirtliche Landschaft, Naturkatastrophen oder menschliche Gewalt, also schlossen sie die Reihen und suchten im Glauben an Muskete und Bibel Trost. Nachdem die Engländer die Regierung übernommen hatten (Ende 18. Jahrhundert), lernten die Buren Bürokratie, hier und da Korruption und die Bedrohung der Identität kennen. In den 1830er Jahren spannten sie deshalb ihre Ochsen vor die schweren Wagen und machten sich in die nördliche Wildnis auf, um dort Frieden, Lebensraum und einen eigenen, uneingeschränkten Lebensstil zu finden. Doch diese Wünsche wurden ihnen immer nur auf begrenzte Dauer erfüllt. Unter der idyllischen Oberfläche ihres Gelobten Landes verbargen sich nämlich ungeahnte Goldschätze, schon bald strömten Fremde abermals in die jungen Burenstaaten, wieder einmal fühlte der Afrikaaner sich bedrängt und sah seine schlimmsten Ahnungen im Jameson-Angriff 1895-1896 und dem zynischen, diplomatischen Auftakt zum Krieg brutal bestätigt (*siehe* Teil II, *Die Vergangenheit*).

Kurz gesagt, der Afrikaaner versteht sich seit seiner Pionierzeit als verfolgtes und bedrängtes Volk – mit einiger Berechtigung, denn erst seit der Mitte dieses Jahrhunderts gelang es dem wahren Afrikaanertum von J.B.M. Hertzog, D.F. Malan und H.F. Verwoerd, das den Versuch von Botha und Smuts, Brücken zu schlagen, ablöste, endlich den englischsprachigen Südafrikanern wirtschaftlich und politisch die Stirn zu bieten.

Dies, kurz und vereinfacht dargestellt, ist das Erbe. Die Erben selbst können grob in zwei Gruppen eingeteilt werden: die im Sinne der Vorväter denkenden und handelnden Konservativen, die einen eigenen "Volksstaat" anstreben, und diejenigen, die Veränderung, Übereinkunft und eine neue soziale und politische Ordnung wollen.

In Südafrika leben knapp zwei Millionen englischsprachige Weiße, deren Erbe sich wesentlich von dem des Afrikaaners unterscheidet. Ihr Hintergrund ist der des Kolonisten und Städters, weniger der des ländlichen Pioniers.

Einige Ereignisse stellten einen Wendepunkt in der Geschichte der englischprachigen Siedler dar, die in Teil II, *Die Vergangenheit*, weiter ausgeführt werden.

■ Hierbei muß man die britische Besetzung des Kaps erwähnen: das erste Mal wurde es zwischen 1795 und 1803, dann ab 1806 zum zweiten Mal besetzt. Während der Französischen Revolutionskriege und der Napoleonischen Feldzüge beendete die Landung der Rotröcke nämlich die Regierungszeit der Holländisch-Ostindischen Kompanie, die über ein Jahrhundert gewährt hatte, und leitete nun ein neues Zeitalter der bewußten "Anglisierung" ein. Zu diesem Bestreben gehörte auch die zweite Einwandererwelle: 1820 kamen ungefähr 4 000 Siedler in der Algoabai im östlichen Kapland an. Noch weiter im Osten schritt die Kolonisierung Natals durch zielstrebige Privatinitiativen ebenfalls fort.

Ein weiteres, vorwiegend in zwei Angriffsspitzen verlaufendes Ereignis hing mit der Geburt der gewaltigen Bergbauindustrie Südafrikas zusammen, die aus der Entdeckung von Diamanten im nördlichen Kapland im Jahre 1867 und der Goldauffindung am Witwatersrand im Jahre 1886 hervorging. In diese Nordgebiete strömten plötzlich zahlreiche *Uitlanders* (Ausländer, Fremde), die vorwiegend englisch-sprachig waren. Erheblich später konnte man noch zweimal verhältnismäßig große Einwanderungszahlen verzeichnen, nämlich im Zuge der massenhaften Demobilisierung nach dem Zweiten Weltkrieg und in geringerem Maße, nachdem britische Gebiete in Ostafrika und auch Sambia unabhängig geworden waren. In der jüngsten Vergangenheit führte der langsame Todeskampf Rhodesiens (Simbabwes), das infolge einer einseitigen Unabhängigkeitserklärung "weiß" wurde, nochmals zu einem beträchtlichen Zustrom.

Aus diesem Grund sind die Hochburgen der modernen, englischsprachigen Gemeinschaft geschichtlich bedingt. Nicht nur zufällig befinden sich die englischen Universitäten Südafrikas in Kapstadt, Grahamstown (Universität Rhodes), in Natal (Durban und Pietermaritzburg) und Johannesburg (Universität Witwatersrand). Abgesehen von den englischsprachigen Farmern im östlichen Kapland sowie Zucker-und Obstpflanzern in KwaZulu-Natal, sind Südafrikaner englischer Herkunft meistens Städter.

Noch lange nach dem Ende des Zweiten Weltkriegs ließen sich Spuren der kolonialen Mentalität kaum verbergen. So war der Tonfall in den vornehmen Wohnungen Constantias oder in Pietermaritzburg kaum von dem der gehobenen Mittelklasse in Surrey oder Sussex zu unterscheiden, England war immer noch "home", also daheim. Zum Geburtstag der Queen stieß man auf ihr Wohl an und verzehrte in der südlichen weihnachtlichen Mittagshitze Plumpudding. Von diesen Anachronismen ist heutzutage nur noch eine Minderheit behaftet. Die meisten englischsprachigen Südafrikaner haben sich größtenteils vom Land ihrer Herkunft gelöst und fühlen sich der neuen Heimat verpflichtet.

Bis in die jüngste Vergangenheit hinein verfügte die englischsprachige Gemeinschaft zudem de facto über ein Monopol aller Wirtschaftszweige, die nicht mit dem Landbau zusammenhingen: in Industrie und Handel hielten Angelsachsen und Juden die Zügel in der Hand. Heute liegen die Dinge anders. Noch bevor der Afrikaaner in Zentralregierung und Verwaltung seine Macht geltend machen konnte, fing er bereits an, sich wirtschaftlich unter Beweis zu stellen. Heutzutage befindet sich trotz der rasch fortschreitenden Ermächtigung der Schwarzen ein großer Teil der Privatunternehmen in der Hand afrikaanssprachiger Südafrikaner.

■ Zu den Weißen zählen ebenfalls eine Reihe kleinerer, ethnischer und sprachlicher Gruppen. Obwohl man sich in den Schätzungen nicht einig ist, gelten die 75 000 Menschen portugiesischer Herkunft als die größte dieser Gruppen (sie kamen vor allem aus den ehemaligen portugiesischen Gebieten Moçambique und Angola sowie aus Madeira). Um die zahlenmäßige Rangordnung der anderen Gemeinschaften steht es folgendermaßen: 40 000 Deutsche, 17 000 Italiener und 7 000 Franzosen; und ungefähr 35 000 Personen, die einer anderen Staatsangehörigkeit angehören.

Als wichtige Untergruppe der englischsprachigen Südafrikaner müssen die Juden erwähnt werden (ca. 2,5 Prozent der Weißen). Diese kleine Gemeinschaft trug doch entscheidend zu der Entwicklung des Landes bei, man denke nur an Persönlichkeiten wie Barney Barnato, Lionel Phillips, Samuel Marks, Alfred und Otto Beit, die in den Anfängen des Diamant- und Goldbergbaus eine wesentliche Rolle spielten. Auch auf dem Gebiet der darstellenden und bildenden

Kunst sowie in der Literatur, zeichneten sich so viele jüdische Südafrikaner aus, daß es ungerecht wäre, nur einige von ihnen zu nennen. In der Politik tat sich besonders Helen Suzman hervor, deren Namen überall Respekt entgegengebracht wird. Der verstorbene Sir Ernest Oppenheimer und sein Sohn Harry, deren Familie allerdings den jüdischen Glauben abgelegt hat, stehen hier und im Ausland im Ruf angesehener Industrieller und Philanthropen.

WOHNSITZ DER BEVÖLKERUNG: GEBIETE UND STÄDTE

1910 schloß die britische Regierung die Kronkolonien Natal und Kap der Guten Hoffnung mit den ehemaligen Burenrepubliken Transvaal und Oranjefreistaat zur Südafrikanischen Union zusammen. Dieses Gebilde blieb bis 1994 erhalten, als das Land im Rahmen eines neuen Bundes in neun Provinzen aufgeteilt wurde, denen man die ehemaligen schwarzen Homelands – vier unabhängige Republiken und sechs selbstverwaltete Nationalstaaten – angliederte.

Diese Regionen, die je über einen Premierminister, ein Parlament und einen eigenen öffentlichen Dienst verfügen, erfreuen sich in bezug auf Legislative und Exekutive erheblicher Autonomie. Kurz zusammengefaßt, handelt es sich um die folgenden neun Provinzen:

- *Westkapland.* Das älteste, am dichtesten bevölkerte und wirtschaftlich progressivste Gebiet der ehemaligen Kappprovinz. Die neue Region umfaßt Kapstadt und die Halbinsel, das herrliche Hinterland mit seinen Bergen und Tälern, wo Wein angebaut wird, mit Obstplantagen und Wiesen; ungefähr die Hälfte (die fruchtbarere) des westlichen Küstenstreifens, die hübsche Südostküste bis nach Knysna und die erhebliche Weite der Großen Karru. Hauptstadt: Kapstadt; Bevölkerung: 3,6 Millionen; Mehrheitspartei: Nationalpartei; pro-Kopf-Einkommen (1993): R4 188; Wirtschaftswachstum im Jahresmittel 1970-1990: 2,0%
- *Ostkapland.* Ein großes, dicht besiedeltes und unterschiedlich entwickeltes Gebiet, zu dem die Küstenstadt Port Elizabeth, das sie umgebende "Siedlergebiet", der Grenzkorridor (Border) im fernen Osten sowie die ehemaligen unabhängigen Republiken Transkei und Ciskei gehören. Die Entwicklung konzentriert sich auf die Kerngebiete Port Elizabeth-Uitenhage und East London-King William's Town-Bisho. Bevölkerung: 6,5 Millionen; Mehrheitspartei: Afrikanischer Nationalkongreß; pro-Kopf-Einkommen(1993): R1 358; Wirtschaftswachstum im Jahresmittel 1970-1990: 3,2%.
- *Nordkapland.* Flächenmäßig die größte Region, erstreckt sich über 30% der Gesamtfläche Südafrikas von der Namaqualandküste im Westen bis zu den Diamantfeldern Kimberleys im Norden der Landesmitte, doch ist es am dünnsten besiedelt und am wenigsten entwickelt. Das Gelände wird größtenteils vom trockenen Sand der Karru und der Kalahari im fernen Norden bedeckt. Hauptstadt: Kimberley; Bevölkerung: 740 000; Mehrheitspartei (knappe Mehrheit): Afrikanischer Nationalkongreß; pro-Kopf-Einkommen(1993): R2 865; Wirtschaftswachstum im Jahresmittel 1970-1990: 0,1%.
- *KwaZulu-Natal.* Diese Region entspricht in etwa dem früheren Natal und dem ihm damals angeschlossenen Homeland KwaZulu und ist am dichtesten besiedelt: fast neun Millionen Menschen drängen sich auf 92 000 Quadratkilometer zwischen den großartigen Drakensbergen und den warmen Gewässern des Indischen Ozeans. Hauptstadt: Nicht festzustellen, da Pietermaritzburg und Ulundi nach dem heutigen Stand noch um diese Ehre konkurrieren; Bevölkerung: 8,5 Millionen; Mehrheitspartei: Inkatha-Freiheitspartei; pro-Kopf-Einkommen(1993): R1 910; Wirtschaftswachstum im Jahresmittel 1970-1990: 3,1%.
- *Oranjefreistaat.* Diese Provinz in den hohen, öden Ebenen des Binnenhochlands erstreckt sich über ca. ein Zehntel der Gesamtfläche des Landes, erzeugt ein Drittel der Mais- und Weizenproduktion, zeichnet auch verantwortlich für 80% der Schafhaltung und einen großen Anteil an der Rinderzucht. Bergwerke fördern Gold, Diamanten, Platin und Steinkohle. Hauptstadt: Bloemfontein; Bevölkerung: 2,8 Millionen; Mehrheitspartei: Afrikanischer Nationalkongreß; pro-Kopf-Einkommen(1993): R2 419; Wirtschaftswachstum im Jahresmittel 1970-1990: 5,5%.
- *Der Nordwesten.* Das Gebiet umschließt das ehemalige Westtransvaal und einen Teil des früheren Nordkaplands und gilt als Aschenbrödel der Provinzen. Trotz des Platinvorkommens und anderer Bergwerke (um Rustenburg und Klerksdorp) beruht die hiesige Wirtschaft auf landwirtschaftlichen Betrieben: Obst, Gemüse und Blumen im Umkreis der hübschen Magaliesberge, sonst bemerkt man überall gewaltige Maisfelder. Die ehemalige Republik Bophutatswana und das beliebte Sun City befinden sich in diesem Gebiet. Hauptstadt: Mmabatho; Bevölkerung: 3,3 Millionen; pro-Kopf-Einkommen(1993): 1 789; Wirtschaftswachstum im Jahresmittel 1970-1990: 2,0%.
- *Nordtransvaal.* Eine Landschaft mit Buschveld, nahrhaften Grasfluren und hübschen Hügeln (v.a. der Waterberg und die Soutpansberge nahe des Limpopo). Bedeutende Wachstumsgebiete sind nicht vorhanden, im Umkreis von Pietersburg, der größten Stadt, wird bloß 0,6% der Arbeitskräfte des Landes beschäftigt, auch liegt die Provinz in bezug auf die Entwicklung weit hinter den anderen. Ihr Potential für den Fremdenverkehr ist jedoch ausgezeichnet, da sich hier u.a. die Hälfte der Krüger-Nationalparks befindet. Hauptstadt: Pietersburg; Bevölkerung: 5,2 Millionen; Mehrheitspartei: Afrikanischer Nationalkongreß; pro-Kopf-Einkommen(1993): R725; Wirtschaftswachstum im Jahresmittel 1970-1990: 1,0.
- *Osttransvaal.* Das zweitkleinste Gebiet, dessen Wirtschaft den meisten Fortschritt verzeichnet. Die Industrie ballt sich um die Bergbaustädte Witbank und Middelburg im westlichen Highveldplateau, jenseits der stolzen Drakensberge Transvaals im Osten liegen die dunstigen, wildreichen Ebenen des Lowvelds und auch der Krüger-Nationalpark. Hauptstadt: Nelspruit; Bevölkerung: 2,9 Millionen; Mehrheitspartei: Afrikanischer Nationalkongreß; pro-Kopf-Einkommen(1993): R2 164; Wirtschaftswachstum im Jahresmittel 1970-1990: 6,8%.
- *PWV.* Ein eigenartiger, geographischer Begriff, der wohl bald abgeändert wird: ein Akronym für Pretoria-Witwatersrand-Vereeniging, die bedeutendsten Städte dieses Gebiets (*siehe* Seite 15). Es handelt sich um eine kleine, wohlhabende, dicht besiedelte Region, die über die Hälfte des Bruttosozialprodukts hervorbringt und deren Gesamtfläche von 19 000 Quadratkilometern eine Bevölkerungsdichte von fast 370 Personen pro Quadratkilometer aufweist.

Das Gebiet verdankt seinen ursprünglichen Reichtum den Goldbergwerken des Witwatersrands, aus dem sich Johannesburg entwickelte. Heutzutage sieht die weitverzweigte Industrie jedoch anders aus (*siehe* unten). Hauptstadt: Johannesburg; Bevölkerung: 6,9 Millionen; Mehrheitspartei: Afrikanischer Nationalkongreß; pro-Kopf-Einkommen(1993): R4 992; Wirtschaftswachstum im Jahresmittel 1970-1990: 2,0%.

Die bedeutendsten Kerngebiete. Seitdem das Land 1910 eine Union wurde, leistete es sich gleich drei Hauptstädte, um auf die Interessenpolitik der verschiedenen Gebiete bei den Verhandlungen eingehen zu können: Legislative, Exekutive und Jurisprudenz entfielen jeweils auf Kapstadt, Pretoria und Bloemfontein. Einflußreiche Politiker aus dem Norden des Landes sind jetzt jedoch bestrebt, Pretoria zur einzigen Hauptstadt zu machen, eine Entscheidung, die in Kapstadt auf starken Widerstand stößt. Ein jahrelanger, bitterer Streit ist vorauszusehen und könnte die Parteien spalten. Ihrem Alter entsprechend sind Südafrikas bedeutendsten Städte wie folgt aufzulisten:

- *Kapstadt,* dessen Geschichte 1652 mit der Landung Jan van Riebeecks und einiger Pioniere einsetzt. Groß-Kapstadt – es umfaßt die Gemeinden (Magistraturen) Kap, Goodwood, Kuils River, Wynberg, Simon's Town – erstreckt sich über den größten Teil der Halbinsel und hat eine sich schnell vermehrende schwarze Bevölkerung, die lange vor dem Ende dieses Jahrzehnts auf eine Million ansteigen wird. Hier leben auch 900 000 Mischlinge (Coloureds) und ungefähr eine halbe Million Weiße.

Die vor der imposanten Kulisse des launischen Tafelbergs gelegene Stadt zählt gewiß zu den schönsten der südlichen Halbkugel. Im Kapstädter Hafen geht es heutzutage wesentlich ruhiger als zur Zeit der Passagierreisen zu, auch haben andere, günstiger gelegene Häfen den Frachtverkehr an sich gerissen. Trotzdem spielen die mit Schifffahrt und Handel verbundenen Unternehmen noch immer eine wichtige Rolle in der lokalen Wirtschaft.

Weiterhin müssen Maschinenindustrie, Manufaktur, die Dienstleistungsbranche und Fremdenverkehr erwähnt werden, denn kaum einer kann sich der magnetischen Wirkung der Strände und des reizvollen Hinterlandes mit seinen Weingärten und Gebirgen, der im Gemäuer alter Gebäude eingefangenen Geschichte, der kulturellen Veranstaltungen, der zahlreichen Lokale sowie des geruhsamen Lebensstils entziehen.

■ Ob *Port Elizabeth* oder Durban die zweitälteste Großstadt Südafrikas ist, weiß man nicht genau. Vermutlich gebührt Port Elizabeth der Vorrang, da hier 1820 die Siedler mit soviel Optimismus landeten. Heute befindet sich hier ein großer Hafen, doch bis zu seiner Vollendung vergingen Jahrzehnte. Port Elizabeth, seit 1913 offiziell eine Stadt, brüstet sich jetzt mit einem beachtlichen Werftgelände, Montagewerken für Kraftfahrzeuge, Fabriken und Geschäftshäusern, die mit den Satellitenstädten Uitenhage und Kirkwood ungefähr eine halbe Million Menschen beschäftigen. Mitte der achtziger und Anfang der neunziger Jahre hatte dieses Gebiet besonders unter dem Konjunkturrückgang zu leiden.

Grahamstown, wegen der zahlreichen Kirchen allgemein als "Stadt der Heiligen" bekannt, liegt nicht weit davon entfernt. Über dem Städtchen thront der Gedenkkomplex, das 1820 erbaute British Settlers' Monument, mit riesigen Hörsälen und seinem Theater, dort befindet sich auch die Universität Rhodes sowie zahlreiche berühmte Schulen. In Grahamstown spiegelt sich nicht nur das Gemüt des englischsprachigen Südafrikaners wider, es zählt obendrein zu den besonders hübschen Kleinstädten des Landes.

■ *Durban* an der Natalküste belegt auf der Rangliste der Großstädte den dritten Platz. Mit Berechtigung trägt es den Namen "Tummelplatz Südafrikas", erinnert aber eher an Blackpool als an Cannes. Durban ist trotzdem nicht die Hauptstadt Natals, diese Ehre fiel dem reizenden Pietermaritzburg zu.

Durban kann seine in England verwurzelte Gründung und Geschichte kaum verleugnen. Hier, in dem ehemaligen Port Natal, befand sich früher nur ein Laden und ein Treffpunkt für Großwildjäger. 1842 brachte aber der unternehmungslustige Leutnant Farewell von der *Julia* 40 weiße Siedler an Land, denen der Zulukönig ein 9 000 Quadratkilometer großes, fruchtbares Gebiet an der Bucht bewilligte. Anfangs konnte man kaum von Fortschritt sprechen (1835 betrug die Einwohnerzahl ganze 30 Mann), doch die Förderung der Einwanderung in den 1840er Jahren kam auch der Stadt zugute. Heute leben im Komplex Durban-Pinetown über eineinhalb Millionen Menschen, während sich in dem 1 668 Hektar großen Hafengebiet der 15 195 Meter lange Kai erstreckt, an dem Massengut, wie u.a. Getreide, Kohle, Mangan und Zucker, verladen wird. Zu den vielfältigen Bereichen der hiesigen Industrie gehört die Verarbeitung von Lebensmitteln und selbstverständlich auch das mit der Schiffahrt verbundene Geschäft wie z.B. Lagerhäuser und Ölspeicherung.

■ *Durban-Pinetown* hat sich angeblich von allen Ballungsgebieten weltweit am schnellsten entwickelt, seine Bevölkerung wächst schneller als die in Städten wie Kalkutta und Mexico City. Die Landflucht der Armen, die nicht einmal auf ein Existenzminimum hoffen konnten, führte zum Zustrom Tausender in die Gebiete um Ntujuma, Umlazi, Embumbula und anderer Barackensiedlungen am Westrand der Stadt. Diese Menschen dem Stadtgefüge anzugliedern, ihnen Arbeitsstellen, Wohnungen, Schulen und Krankenhäuser zu beschaffen, ist das Hauptanliegen der Stadt. Der Kontrast zwischen dieser Realität und dem sonstigen Image der Stadt als Vergnügungsort der Schickeria ist nicht zu übersehen. Durban kann der Zukunft nur dann ins Auge blicken, wenn es seine Ressourcen voll ausschöpft und diese Kluft überwindet. In Groß-Durban leben auch zahlreiche Inder, die häufig Nachfahren der ehemaligen Vertragsarbeiter der Zuckerplantagen sind (*siehe* Seite 12).

■ *Bloemfontein* ist nicht nur die Hauptstadt des Oranjesfreistaats, sondern auch der Sitz der südafrikanischen Rechtssprechung. Es breitet sich über ein 16 900 Hektar großes, trockenes und baumloses Gebiet im Binnenhochland aus. Seine Einwohner sind größtenteils im Verwaltungsapparat beschäftigt (es gibt hier circa 350 Betriebe der Leichtindustrie sowie die größten Eisenbahnwerkstätten des Landes), doch 40 Prozent aller Berufstätigen stehen im Beamtenverhältnis. Zu den schönsten Bauten der Stadt gehört der *Raadsaal,* in dem sich der Geist der Renaissance mit der Neoklassik vereint, doch auch das herrliche neue, 1985 eröffnete Opernhaus.

■ *Pretoria*, der Sitz der Landesverwaltung, ist mit seinen ungefähr eine Million zählenden Seelen als "Jakarandastadt" bekannt, denn hier schmücken ca. 70 000 dieser lila blühenden Bäume die Parkanlagen, Gärten und gepflegten Straßen. Die Lage der Stadt ist überhaupt reizvoll, auf einem ihrer Hügel erbaute der berühmte Architekt Herbert Baker das Unionsgebäude, das endgültig dem größeren, doch keineswegs schöneren Sitz der Raj-Regierung in Neu-Delhi Modell stand. Es gibt aber noch weitere, imposante Bauten, vor allem den um die Jahrhundertwende erstellten Justizpalast. Der Church Square, schon immer der Mittelpunkt Pretorias, wirkt heutzutage nicht besonders attraktiv. Zur Zeit der Union hätte ihm zu einer architektonischen Ehrenstellung auf dem Subkontinent verholfen werden können, da ihn Fontänen, Blumenbeete und Kopfsteinpflaster (das den Wünschen seiner Einwohner entsprach) zierten, für die Stadtverwaltung war aber die Endstation der Straßenbahn wichtiger. Nach dem Umbau empörte sich die Autorin Vivien Allen: "Pretoria tauscht sein Herz für das öffentliche Verkehrsnetz ein."

■ Das Wirtschafts- und Industriezentrum Südafrika liegt sechzig Kilometer südlich von Pretoria: der *Witwatersrand,* in dessen Mittelpunkt sich die Hochhäuser Johannesburgs dicht aneinanderdrängen.

In zwei konzentrischen Ringen umgeben zahlreiche Städte den Witwatersrand. Der innere, sich um das Stadtgebiet Johannesburgs erstreckende Ring besteht aus den Schlafstädten Sandton, Randburg, Roodepoort, Edenvale, Germiston, Alberton, Bedfordview und Soweto, dem größten schwarzen Stadtkomplex des Landes. Um den äußeren Ring gliedern sich die wichtigen Zentren Krugersdorp, Randfontein, Westonaria, Kempton Park (mit seiner schönen Rennbahn), Benoni, Springs und Boksburg. Diese Städte wurden auf Gold gebaut, das man vor kaum mehr als hundert Jahren entdeckte.

Noch immer ist es die Triebfeder der Wirtschaft, doch keineswegs allein, denn ca. 50 Prozent des Bruttosozialprodukts verdankt Südafrika den zahlreichen, mit der Bergbauindustrie, der Manufaktur, dem Handel und den Finanzhäusern verbundenen Unternehmen des Gebiets. Es fällt niemand ein, Johannesburg als schön zu bezeichnen. Grünanlagen gibt es kaum, die Abraumhalden sind wahre Schandflecke. Trotzdem strahlt die Stadt Vitalität aus, sie sprüht förmlich vor ehrlicher, materialstischer Lebenskraft und wirkt gerade dadurch ausgesprochen anziehend. Und natürlich herrscht hier ein wundervolles Klima, die Luft ist dünn und berauschend, der Winter klar und nicht sehr kalt, und in guten Jahren erlöst einen am Spätnachmittag ein Gewitter von der glühenden Sommerhitze. In knapp vier Monaten verzeichnet Johannesburg durchschnittlich höhere Niederschläge als das ferne, wegen seines Regenwetters berühmte England.

1

4

2

5

3

6

7

9

8

10

11

12

BUREN GEGEN ENGLÄNDER. Die Diamantfunde im nördlichen Kapland gegen Ende der 1840er Jahre, sowie die Entdeckung reicher Goldvorkommen im Jahre 1886 am Witwatersrand kurbelten die Expansionspolitik des Empires an und gefährdeten somit die Unabhängigkeit der beiden Burenrepubliken im Norden. Der Erfolg: zwei größere Kriege, von denen der zweite – der verheerendere – u.a. durch Dr. Jamesons provokativen Angriff auf Transvaal am Neujahrstag 1897 ausgelöst wurde.

Zu diesem Zeitpunkt flammte auch die Reaktion schwarzer Völker zum letzten Mal, jedoch am heftigsten, gegen die koloniale Eroberung des neunzehnten Jahrhunderts auf. Die Schlacht bei Isandlwana im Jahre 1879 (1), wo die Armee des Zuluherrschers Ketschwayo die starke, britische Streitmacht fast gänzlich aufrieb. Die Gardekavallerie dokumentiert nach der Annexion Transvaals ihre Präzenz. (2). Dieses Ereignis verursachte den Burenkrieg 1880-81, wo die Engländer während der blutigen Schlacht am Majuba-Hügel eine schmerzliche Niederlage erlitten. (7).

Das diamantreiche Big Hole bei Kimberley, 1872. (3).

Paul Krüger (4), der patriarchalische Präsident der Südafrikanischen Republik (Transvaal), und sein Erzfeind (5) im politischen Machtkampf dieses Landes, der rücksichtslose Phantast Cecil Rhodes. Ganze Horden fremder Schürfer – uitlanders – strömten in den 1870er und 1880er Jahren in die nördlichen Gebiete. (6). Dr. Jameson wird nach seiner Verhaftung von Buren bewacht. (8). Nach Jamesons Übergriff ließ sich der Abgrund zwischen Engländern und Buren nicht mehr überbrücken, das zeigte der Kriegsausbruch drei Jahre später. Die Entsetzung der von den Buren bedrängten Stadt Ladysmith im Februar 1900. (9). Die Blitzüberfälle (10) der Buren verlängerten die Feindseligkeiten noch weitere achtzehn erschöpfende Monate. Christiaan de Wet (12) galt als einer der fähigsten Guerillaführer. Der englische Oberbefehlshaber Kitchener rächte sich mit verbrannter Erde, Stacheldraht, Blockhäusern und Konzentrationslagern. Auf der Abbildung befinden sich ausgewiesene Burenfrauen auf dem Weg in die Gefangenschaft. (11). Endlich ist der Krieg vorbei: die Generäle Louis Botha und Kitchener nach dem Abkommen von Vereeniging. (13).

DIE VERGANGENHEIT

Oft, vielleicht sogar zu oft, beginnt die Auslegung der Geschichte Südafrikas mit jenen harten Holländern, die im siebzehnten Jahrhundert vor der großartigen Kulisse des Tafelbergs an der Südspitze des Subkontinents und dem Kap landeten, das Francis Drake das "lieblichste" genannt hatte.

Natürlich bezeichnet dieser Augenblick das erste bedeutende Ereignis in den Annalen des modernen, geordneten Staates, doch hatten Völker, deren Haut dunkler pigmentiert war, das südliche Afrika bereits seit Jahrtausenden bewohnt. An archäologischen Funden zeigte sich, daß die San oder Buschmänner den nördlichen Teil des Subkontinents schon vor 30 000 Jahren besiedelten. In kleinen Gruppen zogen diese nomadischen Sammler und Jäger auf der Suche nach Nahrung und Einsamkeit durch sonngebadete Landschaften und lebten nach den Gesetzen einer einmaligen, blühenden Kultur, die jetzt jedoch fast gänzlich ausgelöscht ist. Während der Jungsteinzeit beherrschten sie lange ein gewaltiges Gebiet, das sich vom heutigen Namibia in östlicher Richtung bis nach KwaZulu-Natal und vom Limpopo bis zum Nadelkap an der stürmischen Ostküste des Kaplandes erstreckte.

Der Begriff "beherrschen" mit all seinen Konnotationen wirkt allerdings im Zusammenhang mit der besonderen Gesellschaftsstruktur der San irreführend. Diesen sanften und außergewöhnlichen Menschen ist nämlich jegliche Feindlichkeit fremd, sie glaubten – und glauben – an die Notwendigkeit, alles miteinander teilen zu müssen, an die wechselseitige Beziehung zwischen den Familienmitgliedern, den Clans, zwischen dem Menschen und seiner Umgebung. Ihre Sitten und ihre Überzeugung schlossen jeglichen Antagonismus aus, die belebte und auch die unbelebte Natur war ihnen heilig und wurde in den mystischen Jagdritualen, dem einer Trance ähnlichen Tanz, den zarten Felszeichnungen verehrt, die man an den bisher 2 000 erforschten Stätten im südlichen Afrika entdeckte.

Später folgten nacheinander weitere, in der Wanderung nach Süden begriffene Völker, die sich teilweise mit den San vermischten, sie bekämpften und endgültig vertrieben.

Zu den ersten Fremden gehörten die Khoikhoi (Hottentotten) oder "Männer aller Männer", wie sie sich selbst bezeichneten. Obwohl sie mit den kleinwüchsigen Jägern der Fläche verwandt waren, lebten diese Rinderhirten innerhalb eines verhältnismäßig geordneten Stammesverbandes und erkannten Territorialansprüche an. Mit diesen Khoikhoi kamen die Forscher und Weltumsegler aus Portugal und England, Frankreich und Holland am Strand des Kaps zuerst in Berührung, und aus den Begegnungen erwuchs gewöhnlich ein für beide Seiten ertragreicher Tauschhandel, gelegentlich mußte jedoch der eine oder andere mit dem Leben bezahlen.

Bantusprachige Völker betraten den Schauplatz erst verhältnismäßig spät. Vermutlich stammen sie aus Westafrika und begannen um 200 n. Chr., über den Limpopo in das Gebiet einzudringen, um sich teilweise im heutigen Nordtransvaal anzusiedeln. Eine zweite Welle, die über eine stärker entwickelte Kultur der jüngeren Eisenzeit verfügte, ließ sich vom Jahre 1200 an im südlichen Afrika nieder. Als die ersten Europäer am Kap Fuß zu fassen begannen, waren diese bantusprachigen Völker bereits in vielen Gebieten des Subkontinents ansässig. Zahlreiche Geheimnisse umgeben die Geschichte der schwarzen Völkerwanderung, auch an vielfältigen, komplizierten Theorien scheiden sich die Geister. Man nimmt jedoch allgemein an, daß es sich um vier Hauptgruppen handelte: Sotho, Nguni, Tsonga und vhaVenda. Gegen Ende des siebzehnten Jahrhunderts stießen die zur Gruppe der Süd-Sotho gehörenden Xhosa bis zum östlichen Kapland vor und führten so gezwungenermaßen den Konflikt mit den wachsenden, ländlichen Gemeinschaften der Weißen herbei. Beider Anspruch auf Lebensraum mußte einen bitteren Streit entfachen.

Ebenso unvermeidlich war, daß der Ansturm besser organisierter, zahlenmäßig stärkerer, kriegerischerer Bantustämme zur Dezimierung, ja fast zur gänzlichen Ausrottung der San oder Buschmänner führte. Da sie der überlegenen Kriegskunst und dem Landhunger dieser Bauern- und Hirtenvölker nicht gewachsen waren, wurden einige Gruppen völlig aufgelöst und zerstört, indem man die Männer einfach tötete, die Frauen dagegen häufig als Gefangene mitführte. Auf diese Weise konnten die Erbanlagen der San die Genealogie anderer ethnischer Gruppen des Subkontinents entscheidend beeinflussen, während sich ihre Kultur in den Schnalzlauten mancher einheimischen Sprachen und fast allen alten Legenden der Schwarzen niederschlug, in denen Tiere eine Rolle spielen.

Einigen San gelang es, sich an die Küste zu retten, wo sie fortan ihre Nahrung am Strand und im Meer fanden. Nur wenigen war es vergönnt, die uralte Lebensweise fortzusetzen, doch nur, weil sie dank ihrer besonderen Fähigkeit und Anspruchslosigkeit in der gewaltigen Einöde, dem Kalaharigebiet, existieren konnten.

Der andere Zweig der Familie, die Hottentotten oder Khoikhoi, löste sich nach der Gründung der ersten weißen Siedlungen fast vollkommen auf. Viele, eventuell sogar die meisten, fielen den im achtzehnten Jahrhundert wütend um sich greifenden Epidemien, wie Pocken und anderen, fremden Krankheiten zum Opfer.

Von den Überlebenden zogen einige ins Inland und gingen in den Mischlingsgruppen der Korana, Griqua und Oorlam auf. Die zurückgebliebenen "Kolonialhottentotten" vermischten sich nach der Abschaffung der Sklaverei in den 1830er Jahren mit anderen Freigelassenen und wurden zu den Ahnen der heutigen Mischlinge am Kap. In moderner Zeit tragen nur noch vereinzelte Gruppen – vornehmlich die Nama im Südwesten dieses Landes und auch in Namibia – Merkmale, die über ihre Abstammung von den Hottentotten keinen Zweifel lassen.

DIE ANKUNFT DER WEIßEN

Im August 1487 zogen zwei Karavellen von 100 Tonnen und ein kleiner Versorger unter dem Kommando von Bartholomëu Diaz an der Tagusmündung die Segel auf und gingen auf südwestlichen Kurs in den Atlantischen Ozean. Als Diaz endlich nach sechzehn Monaten zurückkehrte, konnte er zwar keine großen Schätze vorzeigen, brachte aber in der Gewißheit, die Südspitze Afrikas umrundet zu haben, eine weitaus wertvollere Beute. Endlich stand der königlichen Flotte Portugals der Seeweg nach Indien und zu den an Gewürzen reichen Molukken offen.

Erstaunlicherweise war dieser bedeutsamen Reise allem Anschein nach bereits von Europa aus eine andere Umrundung des Kaps vorangegangen. Die Tatsachen sprechen dafür, daß diese erstaunliche Leistung vor ungefähr zweitausend Jahren von phönizischen Biremen – Galeeren mit zwei übereinanderliegenden Ruderreihen – vollbracht wurde. Pharao Necho hatte den Kapitänen den Auftrag erteilt, an der Ostküste, d.h. durch das Rote Meer und an Sansibar vorüber zu segeln, worauf sie "durch die Säulen des Herkules, die Nördliche See und nach Ägypten" zurückkehren sollten. Diese Aufgabe führten sie aus, berichteten aber, dem griechischen Geschichtsschreiber Herodot zufolge, "etwas, was ich nicht glauben kann, ein anderer vielleicht, nämlich, als sie Libyen (so bezeichnete man im Altertum Afrika) umsegelten, hatten sie die Sonne zur Rechten." Nach der Umseglung der Kapspitze wandten sie sich demnach nach Westen.

Wie dem auch sei, die Portugiesen waren diejenigen, die im fünfzehnten und sechzehnten Jahrhundert "im Dienste Gottes, unseres Herrn, und zum eigenen Gewinn" die modernen Seewege erschlossen. Nur die primitivsten Hilfsmittel der Navigation standen ihnen dabei zur Verfügung: ein Kompaß, Instrumente, die Windrichtungen anzeigten, und das Astrolabium, mit dem man Breitengrade errechnete. Es gelang ihren fähigen Admiralen trotzdem, Seewege zu den Schatzkammern des Ostens zu finden und in Seekarten aufzuzeichnen. Diego Cão bezwang die dürre Namibküste und landete 1486 an einem nördlich des heutigen Swakopmunds gelegenen Kap. Zwei Jahre später bekam der Seefahrer Diaz den an der Südspitze wütenden, berüchtigten "Südoster" zu spüren. Er ließ seine Schiffe mehr als tausend Meilen in den Atlantik hinaustreiben, fuhr dann nach Süden, dann nach Nordosten und landete schließlich in der Mosselbucht. Diese außergewöhnliche Leistung seemännischer Akrobatik hatte ihn als ersten modernen Europäer am Kap der Stürme vorbeigeführt.

Der Weg schien nun frei zu sein, doch wurde Diaz wenig Ehre zuteil, denn in der Algoabucht, wo das heutige Port Elizabeth steht, entschieden sich seine weniger kühnen Reisegefährten gegen ihn und die Fortsetzung der Fahrt, also mußte er umkehren. Es blieb daher dem willensstarken, äußerst selbstbewußten Vasco da Gama überlassen, neun Jahre später die Ostküste entlang bis zum islamischen Grenzposten Moçambique zu segeln – wo die "Frankenschiffe" mit einer gewissen Bestürzung empfangen wurden – um darauf über den Indischen Ozean nach Malabar und weiter zu fahren.

Im Zuge dieser Ereignisse blühte das iberische Handelsreich mehr als ein Jahrhundert lang (1580 wurden Spanien und Portugal infolge einer die beiden Herrscherhäuser verbindenden Heirat vereinigt). Für andere Seemächte, deren Untermehmungslust ebenfalls wuchs, wirkte diese Blüte einerseits faszinierend, andererseits als Herausforderung. Unter diesen, vor allem in bezug auf den Seeweg nach Indien, gingen die Holländer als Sieger hervor.

Fast im ganzen sechzehnten Jahrhundert übernahmen die nüchternen Kaufleute aus den Niederlanden im lukrativen Gewürzhandel die Rolle des Zwischenhändlers. Der Vertrieb ihrer kostbaren Ware in ganz Europa brachte ihnen erneuten Reichtum, und da sie berechtigterweise das Geschäft förderten, waren sie bei Lieferanten und Kunden gleichermaßen willkommen. Keine Berechtigung hatten dagegen die Freibeuter, die in ihren gut bestückten Schiffen die Meere auf der Suche nach leichter Beute, wie die mit Schätzen aus den Westindischen Inseln und Amerika beladenen Galeeren, durchstreiften. Im allgemeinen unterhielt man zwischen Antwerpen und Lissabon freundschaftliche Beziehungen, wenigstens bis zum letzten Jahrzehnt des Jahrhunderts. Dann, aus Gründen, die auf der Vereinigung Spaniens und Portugals beruhten, machten sich die Holländer selbständig und verhandelten direkt mit den Gewürzinseln.

In den 1590er Jahren unternahmen die Gebrüder de Houtman und besonders Jan van Lischoten erfolgreiche Erkundungsfahrten. Am Ende einer fünfjährigen Odyssee veröffentlichte der letztere 1595 sein *Itinerario*, einen wertvollen Band, in dem sich seine Erkenntnisse über bisher geheime Informationen bezüglich des portugiesischen Handels und der Handelsgebiete niederschlugen. Unter den Seefahrern Hollands galt das Werk bald in allen, den Handel und die Schiffahrt betreffenden Angelegenheiten als wahre Bibel.

Von 1595 bis 1602 schickten konkurrierende holländische Reedereien, die sich nun allen Ernstes um ihren Anteil am Handel mit den Molukken bemühten, Flotten nach Ostindien, doch dauerte ihre Reise über den Indischen Ozean länger als bei den Portugiesen, die von Moçambique nach Malabar fuhren. In den Berechnungen der holländischen Seefahrer gewann die Lage des Kaps mit seinen erfrischenden Quellen wesentlich an Bedeutung.

Die Mosselbucht, die da Gama *Angra de São Bras* getauft hatte, sowie die damals unter dem Namen Saldanhabai bekannte Tafelbucht (heutzutage trägt eine felsige, 100 Kilometer weiter im Norden gelegene Bucht diesen Namen), hatten in dem vergangenen Jahrhundert portugiesischen und anderen Admiralen als Gelegenheitshafen gedient, als ein natürlicher Schutz vor dem Sturm, wo man die Schiffe notdürftig reparieren, Süßwasservorräte an den immerwährenden Quellen auffrischen und Lebensmittel im Tauschhandel erstehen konnte. Zudem hatte im Jahre 1501 bereits ein frommer Befehlshaber eine kleine Steinkirche an der *São Bras* errichtet, das erste, von Weißen erstellte Gebäude auf heutigem, südafrikanischem Boden.

Es dauerte jedoch noch ein halbes Jahrhundert, ehe irgendein Holländer überhaupt an einen längeren Aufenthalt in diesen südlichen Gefilden dachte.

Der Konkurrenzkampf unter den holländischen Geschäftsleuten ließ nun endgültig nach, man versöhnte und verbündete sich unter der Schirmherrschaft der Holländisch-Ostindischen Kompanie, die 1602 amtlich eingetragen wurde, nachdem sie vom Staatengeneral der Niederlande den Freibrief erhalten hatte. Es gelang der Kompanie, deren Direktion sich vornehm "Herren Siebzehn" nannte, innerhalb der nächsten Jahrzehnte ein Seereich aufzubauen, welches das winzige Holland mit den führenden Staaten Europas auf eine Stufe stellte. Im Malaiischen Archipel war der Sitz ihrer gut organisierten Verwaltung, dem nach 1647 das Hauptbüro in Batavia (Java) folgte. Eine ständig wachsende Reihe "Comptoirs", d.h. Garnisons- und Handelsposten, verband das gesamte Netz.

Dabei kann der Entschluß der Kompanie, ein Comptoir am Kap zu gründen, eher auf den Zufall als auf weise Voraussicht zurückgeführt werden. 1647 strandete die *Nieuw Haerlem* in der Tafelbucht, und obwohl der Kapitän und der größte Teil der Besatzung auf einem anderen Schiff nach Holland zurückfuhren (auf der Passagierliste dieser Flotte stand übrigens auch der Name eines gewissen Jan van Riebeeck), blieben sechzig Seeleute unter Aufsicht des Jungkaufmanns Leendert Janszen hier. Gegen die Macht der Elemente schützte sie eine rohe Festung, die sie aus dem vom Wrack geborgenen Holz errichteten.

Als Janszen endlich ein ganzes Jahr später heimkehrte, legte er seine *Remonstrantie* vor, die der Kompanie die Gründung einer Versorgungsstation am Kap dringlichst empfahl: von einem solchen Posten aus konnte man friedlichen Tauschhandel mit den ortsansässigen Khoikhoi (Hottentotten) treiben und die häufig vom Skorbut heimgesuchten Besatzungen der von und nach Ostindien fahrenden Schiffe mit Frischprodukten versorgen.

Aufgrund der Ausführungen Janszens, denen er Jan van Riebeecks sorgsam begründetes Gutachten anfügte, entschied man sich zu diesem Schritt. Van Riebeeck, der 32jährige, ehemalige Angestellte der Kompanie, hatte noch im Jahr zuvor am Hang des Tafelbergs Spaziergänge unternommen und war jetzt darauf erpicht, wieder in den Dienst seiner früheren Arbeitgeber zu treten.

In Anbetracht der ehrgeizigen Projekte, mit denen sich die Holländisch-Ostindische Kompanie befaßte, war die Bedeutung dieses neuen Unternehmens geringfügig: bloß eine weitere, kleine Festung, die von ungefähr hundert Mann besetzt wurde. Zudem lag sie an der

Südspitze eines unbekannten Landes, das, einem zynischen Seefahrer nach, "nichts zu bieten hatte, was das Menschenherz erfreut". Van Riebeeck wurde zum Kommandanten ernannt und nahm die Befehle der Kompanie entgegen.

Bescheiden und ohne irgendwelchen Aufwand fuhr die Expedition am 24. Dezember 1651 von Texel ab.

DIE ERSTE SIEDLUNG

Der praktischen, etwas prosaischen Natur der Herren Siebzehn lag der Gedanke der Kolonisierung des Kaps gewiß fern, noch weniger trugen sie sich mit der Absicht, auf dem afrikanischen Kontinent einen weißen, christlichen Staat zu gründen. Ihre beschränkten Ziele galten einzig und allein dem Handel. Als den Holländern jedoch einundeinhalbes Jahrhundert später schließlich die Zügel aus der Hand glitten, bestanden die Voraussetzungen für einen solchen Staat. Die Grenze der weißen Niederlassung hatte sich 500 Kilometer nach Osten verschoben, während sich fruchtbare Felder und Weinberge 100 Kilometer nach Norden und Nordosten erstreckten. 1806, als die Engländer zum zweitenmal die Herrschaft übernahmen, verfügte Kapstadt bereits über einen geschäftigen Seehafen, in dem Schiffe aus aller Herren Länder anlegten, es war aber ebenfalls der Sitz der Verwaltung. Südafrika bestand zweifellos als Tatsache – eine etwas unangenehme zwar, ja, damals schon, denn die Konfrontation der unterschiedlichen Kulturen, ein Konflikt, der später zu solcher Bedeutung gelangen sollte, kündigte sich bereits an.

Es gab Auseinandersetzungen zwischen Buren und Engländern, zwischen Schwarz und Weiß, dazu ständig den Kampf um Grund und Boden. Nachdem der Prozeß einmal eingeleitet war, ließ er sich jedoch nicht mehr aufhalten.

Van Riebeeck, der erste Kommandant, hatte kaum den Ehrgeiz, seinen unmittelbaren, praktischen Arbeitsbereich zu vergrößern. Sein Auftrag, den er gewiß mit verantwortungsbewußter, holländischer Gründlichkeit erfüllte, umriß scharf seine Aufgaben: vorbeifahrenden Schiffen der Kompanie hatte er "Kräuter, Fleisch, Wasser und andere notwendige Vorräte zu beschaffen – damit sie ihre Kranken heilen konnten". Auch sollte er eine Festung errichten, "damit er vom Kap Besitz ergreifen und von keinem überrascht werden könnte". Am stürmischen Abend des 6. Aprils 1652 tasteten sich die drei kleinen Fahrzeuge van Riebeecks, das Flaggschiff *Drommedaris*, die *Reijger* und die *Goede Hoop* vorsichting in die Tafelbucht hinein. Drei Tage darauf hatte der Kommandant bereits die Stelle angezeigt, an der seine Festung stehen sollte, und am 21. April trugen die ersten, rohen Mauern schon fünf Kanonen. Eine Verzögerung nach der anderen warf das Programm jedoch ständig zurück, so war z.B. der Ostwall dem peitschenden Winterregen überhaupt nicht gewachsen. Neben der Erbauung der Festung schritt die Anlage des Gartens fort. Im April und Mai zeigt sich das Kap nicht immer von seiner besten Seite, und die Siedler waren häufig gezwungen, bei eiskaltem, strömendem Regen, der obendrein den größten Teil ihrer Ernten verdarb, den Boden umzugraben und zu bebauen. Raupen und Braunfäule taten ein übriges. Nicht nur die Pflanzen wurden von Krankheiten befallen, Ruhr und viele andere Leiden suchten die kleine Gemeinschaft heim. Dann gab es obendrein die Überfälle der Khoikhoi – ihr Leben war wahrlich ständig gefährdet.

Endlich riß die Pechsträhne ab, und die Einwanderer konnten erleichtert aufatmen. Schafe und Rinder gediehen und vermehrten sich. Man pflanzte die von der rettenden Flotte mitgebrachten Zitronen- und Apfelbäume, und für diejenigen, die schon nach Hopfen sowie dem aus Traubensaft gewonnenen Lebenselixir geschmachtet hatten, eröffnete Annetjie Boom, die Frau des Obergärtners der Siedlung, die erste Schenke. An Kundschaft fehlte es auf keinen Fall!

Die Direktoren der Holländisch-Ostindischen Kompanie machten van Riebeeck u.a. dafür zuständig, freundschaftliche Beziehungen zu den Einheimischen zu fördern und sich deren Unterstützung zu versichern. Es ist sein Verdienst, daß sich ein für beide Seiten rentables und im großen und ganzen entspanntes Verhältnis entwickelte.

Bei den Khoikhoi der Kaphalbinsel unterscheidet man drei ziemlich ausgeprägte Gruppen. Von diesen kamen die weißen Siedler zuerst mit den *Strandlopers* ("Strandläufern") in Berührung, die eigentlich *Goringhaikona* ("Kinder der Goringhaiqua") heißen und sich vorwiegend von Wurzeln, Meeresfrüchten und ihren wenigen Schafen kümmerlich ernährten. Diese kleine, nur einige Dutzend zählende Schar wurde von Harry Autschumao angeführt, kann aber keinesfalls als homogen gelten, da es eher die geteilte Armut, als die Familienbande waren, die sie aneinanderkettete. Zahlreicher, wohlhabender sowie im allgemeinen auch weiter entwickelt waren die Gorachouqua und die Goringhaiqua, halbnomadische Hirtenclans, die zeitweilig in Schilfhütten wohnten, Metallschmuck herstellten und Tabak anbauten. Im Tauschhandel mit den reicheren Gruppen erhielten die Kolonisten Frischfleisch gegen Kupfer, Eisen, Messing, Alkohol, Perlen, Messer und Salz. Tiefer im Inland, im Norden und Westen der Halbinsel, lebten die mächtigen Cochoqua.

Die Khoikhoi erwiesen sich als recht gastfrei, gesellig, auf Tauschhandel erpicht und schnell bereit, sich die Sitten und Gebräuche des weißen Mannes anzueignen. 1656 vermerkte der Kommandant bereits "sie lernen ziemlich gut Holländisch ...". Es war unvermeidlich, daß die Territorialansprüche der sogenannten Freibürger und Treckburen zu gelegentlichen Reibereien, nämlich Überfällen und zwei kleineren "Kriegen" (1659 sowie zwischen 1673 und 1677) führten. Trotzdem gelangten die beiden Völker gegen Ende des Jahrhunderts zu einer Art *Modus vivendi*, während viele Khoikhoi infolge der Enteignung ihrer traditionellen Weidegebiete auf Farmen und in der Stadt arbeiteten.

Nach van Riebeecks Versetzung nach Batavia wurde Zacharias Wagenaar 1662 Kommandant. Vier Jahre später begann man mit der Erbauung einer stabileren Feste, dem *Kastell*. Es dauerte ein ganzes Jahrzehnt, bis die Festung endlich stand, obwohl anfangs ein jeder half, sogar der Kommandant, dessen Frau und kleiner Sohn, der Erde in Körben an die Schutzwälle trug. Am Ende des ersten Arbeitstages fand ein Fest statt, bei dem u.a. sechs Schafe und zwei Ochsen aufgetragen wurden, und einer der Siedler verlas ein Gedicht, in dem es hieß, daß weder Augustus noch Julius Cäsar je "einen Grundstein am Ende der Welt" gelegt hätten, wie sie an diesem Tage.

DIE PIONIERE FASSEN IN DIESEM LANDE FUß

Unter den zahlreichen Anordnungen, die van Riebeeck von der Kompanie erhalten hatte, ließ sich eine während der ersten Jahre der Siedlung besonders schwer ausführen, nämlich die Selbstversorgung der kleinen Gemeinde. Die zunehmende Arbeitslast führte immer mehr Beamte herbei, und die bescheidenen Vorräte wurden derart in Anspruch genommen, daß innerhalb von zwei Jahren mehr Ladung in der Tafelbucht gelöscht als geladen wurde.

Die Lösung des Problems bedeutete gleichzeitig, daß van Riebeeck entscheidend in die Personalpolitik einzugreifen gezwungen war: er förderte das Privatunternehmertum, indem er einige Männer von den Verpflichtungen entband, die sie der Kompanie gegenüber hatten und sie jetzt zu freien Bauern und Handwerkern machte. Andere "Freibürger" aus Holland folgten ihnen. Schlagartig zeigte sich darauf eine große Verbesserung. Bereits 1656, also im ersten Probejahr, verzeichnete man auf den zu diesem Zweck in Rondebosch abgeteilten Feldern eine wahre Rekordernte. Sie reichte nicht nur für den Eigenbedarf, man konnte sogar noch etwas abgeben. Vielleicht war es ein bescheidener Anfang, über seine Bedeutung besteht aber kein Zweifel: aus dem früheren Handels- und Garnisonposten am Kap mit seinen scharf umrissenen Zielen hatte sich eine dauerhafte Kolonie mit großem Potential zur Weiterentwicklung gebildet. Dieses Ereignis bezeichnete also den Beginn der eigentlichen Siedlung. Die Zahl der Freibürger wuchs im Laufe der Jahre ständig an, und man strebte immer weiter hinaus, in den 1670er Jahren in die Umgebung Hottentotts-Hollands, neun Jahre später bis nach Stellenbosch. Diese reizende kleine Ortschaft verdankt ihren Namen dem Mischling Simon van der Stel, dem überaus fortschrittlichen Gouverneur des Kaps von 1679 bis zum Ende des Jahrhunderts. Da er die Möglichkeiten dieses Gebiets und seine besondere Eignung als Kornkammer erkannt hatte, setzte er dort Bauern an. Die Berechtigung seiner Vermutung war bald erwiesen, es kam sogar zur Weizenüberproduktion, und man befaßte sich darauf auch mit dem Weinbau und der Weinbereitung.

Neu war diese Idee allerdings nicht, denn Jan van Riebeeck selbst hatte ein starkes Interesse an den Reben. Kaum einen Monat nach seiner Ankunft im Jahre 1652 fügte er einer nach Amsterdam gehenden Bestellung neben Samen und Pflanzen auch an: "sowie Weinstöcke, die an den hiesigen Berghängen ebenso gedeihen sollten, wie in Spanien und Frankreich". Man sandte ihm Muskateller, Fransdruif (Spanischer Palomino) und Hanepoot (Muscat d'Alexandrie), und am 2. Februar 1659 konnte er seinem Tagebuch anvertrauen: "Heute, gelobt sei der Herr, kann zum erstenmal aus den Kaptrauben Wein gekeltert werden, nämlich aus frischem Most, gerade aus dem Faß". Der erste Weinberg auf seinem Privatgut Boschheuvel (das heutige Bishopscourt) war mit bloß 23 00 Rebstöcken bepflanzt, dreißig Jahre später erlebte man den Segen ertragreicher Weinernten bereits in großen Gebieten des Hinterlands. 1750 wuchsen um die hübschen Städtchen Stellenbosch, Paarl und Franschhoek schon vier Millionen Weinstöcke, die alljährlich 12 000 Hektoliter Wein ergaben.

Aus dem Ausland kamen viele, die hier eine neue Heimat fanden, es waren hauptsächlich Holländer, doch auch einige Belgier, Skandinavier und besonders Deutsche.

Als im Jahr 1688 schon ungefähr eintausend Weiße am Kap lebten, gesellte sich noch eine Gruppe höchst willkommener Einwanderer zu ihnen: die nüchternen, fleißigen Hugenotten. Diese französischen Protestanten hatten nach der Aufhebung des Edikts von Nantes ob ihrer Konfession Verfolgungen zu fürchten, deshalb entfernten sie sich so weit wie möglich von der Heimat und suchten woanders ihr Glück. Für die kleine Gemeinde waren diese 164 Neusiedler von entscheidender Bedeutung.

Die ersten Wohnhäuser am Kap waren bescheidene Gebäude zu ebener Erde mit einem Flachdach. Die weißgetünchten Mauern verdeckten an der Sonne getrocknete Steine, grüngemalte Türen und Fensterläden schlossen das Bild ab, das dem Städtchen einen gewissen Reiz verlieh. Auf dem Lande gab es geräumigere Wohnungen und häufig wurden Quader verwendet, während sich Strohdächer und dicke Wände als besonders sinnvoll erwiesen. Der Wohlstand gegen Ende des Jahrhunderts führte auch zu der Entwicklung eines gänzlich eigenen Baustils: unter einem stolzen Giebel befanden sich die mit Halbläden versehenen Fenster, der im Blickpunkt liegende Hauseingang führte in das geräumige *Voorhuis*. Der Grundriß dieser Gutshäuser beruhte auf vollkommener Symmetrie, man bestand teilweise streng auf eine T-, H- oder U-Form. Im Laufe der Jahrzehnte wurden diese starren Linien der vornehmeren Gebäude durch die Hinzufügung eines neuen Flügels, durch Außengebäude, die das Haus umgaben, etwas aufgelockert. So entstand der bekannte kapholländische Baustil, den man noch immer an einigen prachtvollen Gebäuden der Kaphalbinsel, doch vor allem des nördlichen und östlichen Hinterlands bewundern kann.

Nach und nach nahm auch der Giebel verwirrend viele Gestalten an, der einfache oder runde mußte konvex-konkaven Windungen weichen, dann gab man sich wieder klassisch, darauf mit breiten Zierleisten, üppigen Schnörkeln und Spiralen ausgesprochen überladen. Leider entartete dieses besondere Merkmal des Baustils zum bloßen Attribut der weniger attraktiven Durchschnittshäuser in den südafrikanischen Vorstädten.

Erstaunlicherweise stammten die damaligen architektonischen Eigenarten, zu denen natürlich auch der Giebel gehört, nicht etwa aus Holland, sondern aus dem Osten und wurden durch die im Baufach erfahrenen, malaiischen Sklaven bekannt. Überhaupt spielten Sklaven beinahe 200 Jahre lang in der Gemeinschaft am Kap eine wesentliche Rolle. Den ersten Siedlern machte der Mangel an gelernten sowie ungelernten Arbeitskräften schwer zu schaffen, da es van Riebeeck kaum gelungen war, die einheimischen Khoikhoi zur Arbeit zu zwingen. In den 1660er Jahren beschloß man deshalb offiziell, künftig Sklaven einzuführen.

Aus heutiger Sicht handelte es sich dabei um ein ungeheuerliches System, das nicht nur auf das Kap beschränkt war. Sklavenhandel und -besitz kannte man bis in die 1880er Jahre und auch danach fast überall in der Welt. In den 1860er Jahren führte diese strittige Frage jenseits des Atlantiks sogar zum Bürgerkrieg. Der erste Sklave kam als blinder Passagier im März 1653 am Kap an, doch fünf Jahre später setzte der Sklavenhandel in vollem Unfang ein, nachdem die *Amersfoort* 1658 von einem portugiesischen Schiff 170 Sklaven erstanden und diese in der Tafelbucht ausgeschifft hatte.

Darauf setzten sich die Freibürger, die im Wein- und Weizenbau Arbeitskräfte benötigten, trotz der Höhe des Preises (bis zu 100 Gulden für einen Sklaven) und vielen Ausreißern für die ständige Einfuhr ein. 1710 lebten ungefähr 1 200 erwachsene Sklaven am Kap; 1795, zur Zeit der britischen Übernahme, waren es schon 17 000, also etwas mehr als die weiße Bevölkerung. Ursprünglich kamen sie aus allen Windrichtungen: von Guinea und Angola, von Madagaskar, Java und besonders Malaya. Nach der anfänglichen Welle riß der Strom fast gänzlich ab, die Wachstumsraten sind daher allein auf die Nachkommenschaft zurückzuführen.

DER SEEWEG NACH OSTEN

Wie es unter Grenzern üblich ist, gab es auch am Kap abenteuerlustige Forscher. Bereits in den Anfangsjahren stieß Wintervogel (der das heutige Malmesbury erreichte), nach Norden vor; andere Reisen unternahmen: Gabbema (in das Tal des Berg River und nach Paarl, das er nach zwei imposanten Granitblöcken in der Gegend benannte, weil diese bei besonderer Beleuchtung wie Perlen glänzen); Danckaert (in die Zederberge und zum Olifants River, das einer Herde von 300 Elefanten den Namen verdankt); van Meerhoff (ins Namaqualand). Unter van der Stels persönlicher Leitung fand 1685 eine Forschungsreise zu den Kupferbergen Namaqualands statt. Hundert Jahre nach van Riebeecks Ankunft überquerte Jacobus Coetsee, ein Hauptmann der Dragoner, den Oranje und zog einige Monate lang durch das Hochland.

Nach Osten hin erweiterte sich der Horizont u.a. durch eine von Hieronimus Cruse am Ende der 1660er Jahre unternommene Reise: er begab sich auf dem Landwege zur Mosselbucht, wo er von "dunkelhäutigeren Menschen" gehört hatte. Damit waren die Xhosa gemeint, die schon lange an der Ostküste lebten und weiter nach Süden wanderten. Kurz darauf, als 1686 das holländische Schiff *Stavenisse* südlich vom späteren Port Natal an der Ostküste strandete, konnten die Retter der Schiffbrüchigen mit Augenzeugenberichten über die Xhosa am Kei River aufwarten.

Den ersten Anstoß zur Besiedlung dieser Ostgebiete gab der Entschluß des Gouverneurs Willem Adriaan van der Stel (er war Simons zweiter Sohn), die Bestimmungen der Kompanie, nach denen die Viehzüchter bisher überhaupt nicht wegziehen durften, rückgängig zu machen. Im Laufe des achtzehnten Jahrhunderts verlegten unermüdliche Treckburen, d.h. nomadische Farmer, die sich von der Regierungsgewalt und deren Zwängen immer weiter entfernten, die Grenze unaufhaltsam nach Norden und Osten. Neue Bezirke, die dem sogenannten *Landdrost* unterstanden, gaben Aufschluß über die fortschreitende Urbarmachung des jungfräulichen Landes und der

1

3

2

4

5

6

7

8

9

10

11

DAS ZEITALTER DER GENERÄLE. 1910 schlossen sich die ehemaligen Republiken Transvaal und Oranjefreistaat den britischen Kolonien am Kap und in Natal zur Gründung der Südafrikanischen Union an, und während der nächsten vier Jahrzehnte, als im Ausland der Krieg wütete und es im Inland zu sporadischen Unruhen kam, als man Wirtschaftskrise und Fortschritt in der Industrie erlebte, beherrschten drei Afrikaner, die sich alle während des Burenkrieges gegen die Engländer hervorgetan hatten, den politischen Schauplatz. Louis Botha und Jan Smuts waren Staatsmänner, "Empiremänner", die sich für eine Versöhnungspolitik einsetzen, während Barry Hertzog mit Leib und Seele Nationalist war, der ideologische Stammvater derjenigen, die 1948 die Zügel im Namen des Afrikanertums ergreifen und halten würden.

Mitglieder der National Convention (1) stellen die Verfassung der Union auf. Feierlichkeiten zur Union in Kapstadt, 1910. (2). Mohandas Gandhi (3 links) setzte sich lange und eifrig, doch mit nur geringem Erfolg, für die Bürgerrechte der Inder in Südafrika ein. Alfred Lord Milner (4) trieb nicht nur zum Krieg, er setzte sich danach für den Wiederaufbau und die Vereinigung ein. Schwarze Bodenrechte und Besteuerung verursachten 1906 die Bambata-Rebellion, an der rund 6 000 Zulu beteiligt waren. Auf der Darstellung richten Kolonialtruppen (5) die Rebellen hin. General Louis Botha (6), der erste Premierminister und Oberbefehlshaber der Unionstreitkräfte, stellt sich während des Ersten Weltkrieges mit seinen Mitarbeitern der Kamera. Ehe Botha mit seiner Armee Deutsch-Südwestafrika erobern konnte, mußte er erst einen gegen die Engländer gerichteten Aufruhr weißer Südafrikaner unterdrücken. Die Union Jack wird auf dem Windhoeker Rathaus gehißt. (8). Berittene Polizei räumt während der Rand-Rebellion im Jahre 1922, einer heftigen Reaktion weißer Bergleute auf die Beschäftigung billiger, schwarzer Arbeitskräfte, die Rissik Street in Johannesburg. (9). Barry Hertzog (7). 1939 kämpften südafrikanische Freiwillige abermals mit großem Erfolg auf der Seite der Alliierten in Ostafrika, der Westsahara und Italien gegen Deutschland. So sah das Rekrutierungsbüro in Kapstadts Adderley Street aus. (10). Feldmarschall Smuts kurz nach der deutschen Kapitulation am 8. Mai 1945 in der Nr. 10 Downing Street (10) mit Kanadas Mackenzie Frazer und Winston Churchill.

Anlage neuer Anwesen. Die 1745 gegründete *Drostdy* – so nannte man das Kreisamt des *Landdrosts* – lag in einem reizenden Dörfchen, das zwei Jahre später Swellendam heißen sollte. Bis zur Jahrhundertmitte hatten die Grenzen des Kaps der Guten Hoffnung bereits den Großen Brak River an der Mosselbucht erreicht, während einige Farmen sogar schon am Westufer des Gamtoos lagen. In den 1780er Jahren zogen die Siedler immer weiter nach Osten und begannen, am Großen Fischfluß Fuß zu fassen, so daß vor dem Ausgang des Jahrzehnts die Stadt und der Kreis Graaff-Reinet offiziell proklamiert werden konnten.

Zu diesem Zeitpunkt bestand zwischen der Zentralverwaltung in Kapstadt und den Ostgebieten bittere Uneinigkeit. Die rauhen, individualistischen Grenzer lehnten die ihrer Meinung nach unangebrachte Kontrolle über wirtschaftliche Verhältnisse sowie die Handhabung des Xhosaproblems ab und riefen die eigenen, selbständigen, allerdings auch kurzlebigen Republiken aus: Graaff-Reinet im Februar 1795 und vier Monate später Swellendam.

Die Macht der Holländisch-Ostindischen Kompanie und somit ihr Vermögen, die zur Verwaltung unbedingt notwendigen Maßnahmen durchzusetzen, begann seit Beginn des achtzehnten Jahrhunderts nachzulassen. Gegen Ende des Jahrhunderts, nach vier vernichtenden, englisch-holländischen Kriegen, gingen Frankreich und England als die führenden Protagonisten Europas aus dem Streit hervor und konkurrierten nun u.a. um die Vorherrschaft über die Weltmeere. Das strategisch an allen Seewegen gelegene Kap, wo nur eine kleine Truppe in Garnison lag, wurde daher zur verlockenden Beute. Im Juli 1795 landeten die britischen Streitkräfte in Muizenberg, doch vergingen sechs Wochen, bis man die einheimische Miliz am Wynberg Hill besiegen konnte. Die am 16. September in Rondebosch unterzeichnete Kapitulation zeigt den Beginn der direkt von Whitehall ausgehenden Verwaltung an, die dann – abgesehen von einer kurzen Unterbrechung – während der nächsten hundert Jahre und länger alle Ereignisse auf dem Subkontinent überschattete – bis die Unionsakte 1910 den fast gänzlich souveränen Staat Südafrika schuf.

DIE MILITÄRPRÄSENZ DER ENGLÄNDER

Von internationaler Warte aus gesehen war das vom englischen Militär übernommene Land eine rückständige Provinz. Kapstadt hatte sich zwar allmählich vergrößert, verfügte aber Ende des achtzehnten Jahrhunderts über kaum mehr als 2 000 Häuser, die sich von den Landungsstegen bis zu den unteren Hängen des Tafelbergs hinzogen. Das Ufer des Liesbeeck säumten einige noch immer ländliche Ortschaften, aus denen später die vielen, von Woodstock bis Wynberg reichenden Vorstädte erwuchsen. Weiter draußen im Hinterland standen fruchtbare Güter unter Weinstöcken und Weizen, an die sich endgültig das ferne, gärende Gebiet um die Ostgrenze anschloß.

Kapstadt selbst war recht hübsch, und sein ganzer Stolz galt dem Kompaniegarten ("Gardens"), den van Riebeeck als einfachen Gemüsegarten angelegt hatte. Jetzt diente er aber der Verschönerung der Stadt, und bereits 1685 bemerkte der hier zu Besuch weilende Gelehrte Abbé de Choisy, daß er ihn "gern in einer Ecke von Versailles gesehen hätte".

Eichen und Eschen beschatteten die bescheideneren Pflanzen, denen 1700 ein Pavillon für Veranstaltungen folgte. (Diesen – so meinen manche – baute man später zum *Government House* um, dem heutigen *Tuynhuis*). Zum Berg hin erstellte man zudem eine Menagerie, doch auch stolze Gebäude wie das Alte Obergericht (Old Supreme Court), ein ehemaliges Sklavenquartier, schossen aus dem Erdboden. Vom Hafen zum Kompaniegarten führte die elegante, gepflasterte, von Eichen gesäumte Heerengracht, die moderne Adderley Street. Das Land jenseits des reizvollen alten Hafengebiets sollte erst wesentlich später dem Meer abgerungen werden, um Hafenanlagen und neuzeitliche Hochhäuser zu tragen.

Andere Merkmale, die zwar weniger zur verfeinerten Eleganz als zu einem gewissen Reiz der Stadt beitrugen, waren besonders die großzügigen Ausmaße der Grand Parade, einige hübsche Privathäuser – unter denen man wohl das nette, solide Koopmans-de-Wet-Haus in der Strand Street hervorheben muß, weil es die Lebensweise am Kap beispielhaft zeigt – das gewaltige, damals noch direkt am Meer gelegene Kastell und selbstverständlich die betriebsamen Hafenanlagen, die einem Irrgarten glichen. Der Kapstädter Hafen hatte sich zu einem der wichtigsten der südlichen Halbkugel entwickelt, den Schiffe und Seeleute aus aller Herren Länder besuchten, ein bereits berühmtes "Kehrwiederhöft der Weltmeere". In der Stadt selbst gab es zahlreiche Klubs, Wirtshäuser und Straßen, wo sich Pferdekutschen einen Weg durch das drängende, vielsprachige Menschengewühl bahnten.

Wenn man bedenkt, wie es sonst um Hauptquartiere in den Kolonien stand, so hatte die neue britische Verwaltung keinen Anlaß zur Klage. Nach der zweiten Besetzung im Jahre 1806 lebte man sich gut ein und befaßte sich mit Regierungsfragen: mit der Sklaverei, dem unter den Buren der entfernteren Bezirke zunehmenden Geist der Unabhängigkeit, der Anwesenheit aufrührerischer Xhosa an der Ostgrenze, mit der Notwendigkeit der Sparmaßnahmen, da England durch die Napoleonischen Kriege gewaltig verschuldet war, und mit der Besiedlung der Grenzgebiete.

1806 setzte sich die Bevölkerung der Kolonie folgendermaßen zusammen: 26 000 Weiße, ungefähr 30 000 Sklaven, 20 000 Khoikhoi sowie unzählbare San und bantusprachige Völker, die jenseits des Großen Fischflusses lebten und für die winzigen, ländlichen Grenzergemeinden eine ständige Gefahr bedeuteten.

Den Ausbruch des ersten richtigen Grenzkrieges erlebte man 1779, und innerhalb der nächsten hundert Jahre fanden im ganzen acht weitere Kämpfe statt, während sich gleichzeitig die Grenze immer mehr nach Osten in Richtung des Kei River verschob. Unter diesen Scharmützeln um die Grenze muß wohl das fünfte im Jahre 1819 als das wesentlichste hervorgehoben werden, denn da griff das Xhosaheer Grahamstown direkt an.

Es gelang der Garnison, den Feind zurückzuschlagen, doch dieses Ereignis überzeugte Gouverneur Lord Charles Somerset, daß nur eine Einwandererwelle einen Anschein der Dauerhaftigkeit in den von Unruhen heimgesuchten Gebieten erwecken konnte.

Das Wort wurde in die Tat umgesetzt, und 1820 landeten 60 Gruppen englischer, schottischer und irischer Familien, insgesamt ungefähr 4 000 Männer, Frauen und Kinder, die allerdings nur einen Bruchteil der 90 000 eingegangenen Bewerbungen ausmachten. Die Behörden vertraten aber die Meinung, daß die zugelassene Zahl ausreichte, um den gerade proklamierten Kreis Albany in Ostkapland zu besiedeln und dort die Ruhe wiederherzustellen. Der riesige Bezirk erstreckte sich über den größten Teil des umstrittenen Gebietes, d.h. vom Buschmanns River zum Großen Fischfluß und von Grahamstown bis zur Küste hin.

Man beförderte die Neuankömmlinge auf eigene Kosten mit dem Ochsenwagen von der Algoabucht ins Inland; sie waren völlig ahnungslos , welch unmöglichen Verhältnisse sie erwarteten. Keinen Zweifel ließen allerdings die Abschiedsworte des Obersts Cuyler zu, des *Landdrosts* (Friedensrichters) von Uitenhage, der sie ein Stück des Weges begleitete: "Meine Herren," sagte er, "wenn Sie zum Pflügen aufs Feld gehen, lassen Sie niemals das Gewehr zu Hause." Jetzt erst wurde ihnen klar, daß sie nicht nur als Pioniere, sondern auch als eine Art Bürgerwehr in Zivil gedacht waren, und bald sollten sie auch entdecken, daß der ständige Kampf mit dem einsamen Land ihren Mut und ihre Ausdauer auf eine wesentlich härtere Probe stellte, als der Kampf gegen die Xhosa. Ihre Schwierigkeiten waren Legion. Ein Brief, den Hauptmann Buller während der ersten Erntezeit schrieb, faßt die Zustände gewiß am ergreifendsten zusammen: "Mein Weizen, der vor zwei Monaten mehr versprach, als irgendeine Ernte, die ich je in anderen Ländern gesehen hatte, ist jetzt gemäht und liegt in Haufen zum Verbrennen bereit ... Der Rost hat ihn vollkommen vernichtet, nicht ein einziges Korn konnten wir retten. Meine Gerste ergab nach der Trockenheit und einer Larve, die den Halm angreift, kaum mehr, als ich gesät hatte. Meinem Mais setzten die Raupen sehr zu, die Läuse vernichteten den Kohl, der heiße Wind versengte alle Bohnen ... Durch den Mangel an Weide sind unsere Kühe alle trocken, so weit das Auge reicht, sieht man nicht einmal das kleinste bißchen Grün. Nichts als eine riesige Wildnis aus verdörrtem Gas. Am Samstag, als ich am Krankenbett meines lieben kleinen Mädchens wachte (sie war, als sie ohne Schuh und Stümpfe über das *Veld* lief, von einer Schlange gebissen worden und starb daran), erschreckte mich der Ruf der Hyänenhunde. Ich rannte zum Fenster und sah ungefähr dreißig dieser grimmigen Tiere.

Ehe ich sie vertreiben konnte, hatten sie zwanzig Tiere meiner Herde geschlagen, die im ganzen aus siebenundzwanzig bestand. Einen Augenblick stand ich da und dachte an mein Unglück, mein sterbendes Kind, meine ruinierte Ernte, meine vertriebene und vernichtete Herde. Gottes Wille geschehe. Ich brauche Kraft, um eine solche Unglückssträhne ertragen zu können. Lebe wohl ..."

Fünf Jahre lang ertrugen die Siedler bittere Last und Enttäuschung in dem unerbittlichen Land: die Verhältnisse waren ausgesprochen primitiv, das Werkzeug einfach, das ihnen zugewiesene Stück Land zu klein, das Verbot, Arbeitskräfte unter den Xhosa-Clans zu werben, erwies sich als untragbar, auch die von Dürre, Heuschrecken und schwarzen Stämmen angerichtete Verwüstung bedeutete eine ständige Bedrohung. Als Farmer schafften es nur wenige, die meisten zogen in die Dörfer und in ehemalige Garnisonstädtchen Ostkaplands.

Vom Gesichtspunkt der britischen Kolonialverwaltung aus war das Siedlerprojekt jedoch kein vollkommener Mißerfolg, da es ihr vor allem um die Gründung eines von Weißen bewohnten Puffergebiets im Osten ging. An heutigen Maßstäben gemessen klingt die Zahl der 4 000 Neusiedler vielleicht nicht sehr hoch, für den Kreis bedeutete es aber eine Wachstumsrate von zehn Prozent. Obendrein verbesserten sich die Zustände in dem Jahrzehnt nach 1825 erheblich. Man durfte sich freier bewegen, der Bürokratismus wurde erträglicher, auf den jetzt größeren Farmen führten die Siedler die Schafzucht ein, die später nicht nur zum Rückgrat der Landwirtschaft des Landes, sondern auch der Wirtschaft Ostkaplands werden sollte sowie eine willkommenen Zeit des Wohlstands einleitete.

Gegen Ende der 1830er Jahre faßte auch eine gut organisierte Gruppe Engländer zaghaft an der fernen Ostküste Fuß.

Seit 1834 gab es einen kleinen Handelsposten in Port Natal, den der unternehmungslustige Leutnant Francis Farewell gegründet hatte. Zu der Zeit pirschten sich weiße Großwildjäger auf der Suche nach Elefanten und Elfenbein durch das dichtbewaldete Hinterland und wurden nicht nur vom mächtigen Zulukönig Schaka geduldet, sondern sogar willkommen geheißen. Auch wenn sie das Land bewirtschafteten (9 000 Quadratkilometer um die Bucht), das sie einem königlichen, ziemlich vagen Erlaß verdankten, waren sie nicht ansässig, also keine Kolonisten. Durch die Ankunft des Missionars und Friedensrichters Allen Gardiner veränderte sich der Status der Siedlung jedoch. Gardiner berief nämlich am 23. Juni 1835 eine Versammlung zur Gründung einer Stadtgemeinde ein. Von dieser ersten Zusammenkunft erinnert Gardiner: "fast volkommenes Schweigen ... endlich rief eine Stimme: 'Laßt uns die Grenzen abstecken'. Da sich dies zur Winterzeit zutrug, handelte es sich eigentlich um eine Art Jägerbund, dessen Mitglieder der Jagd auf Seekühe und Büffel müde geworden waren und sich jetzt nach einem Haus in der Stadt und nach Häuslichkeit sehnten ..."

Auf diese recht spontane Weise wurde Durban gegründet, das später über den wichtigsten Hafen Südafrikas verfügen und die drittgrößte Stadt des Landes werden sollte. Im Laufe des neunzehnten Jahrhunderts sorgten großangelegte Einwanderungsprojekte nicht nur für das Wachstum, sondern auch den ausgesprochen englischen Charakter Natals, doch während des ersten Jahrzehnts blieb die Siedlung klein, gefährdet und eng mit den Ereignissen verbunden, die den Ostzug des Großen Trecks betrafen.

DIE FESSELN WERDEN GESPRENGT

In der Mitte der 1830er Jahre begann der Auszug der Buren aus dem unsicheren östlichen Kapland. Familien schlossen sich zu Gruppen zusammen, spannten ihre Ochsen ein und machten sich auf den Weg in das kaum bekannte, gewaltige nördliche und nordöstliche Inland. Sie waren mit wenig mehr als der Muskete, der Bibel und dem Glauben an die Zukunft gewappnet.

Diese Wanderung fing anscheinend ganz spontan an, war jedoch gut organisiert und wurde nach einem recht bescheidenen Beginn im Laufe der nächsten turbulenten Jahre zur wahren Lawine. Nachdem das Kriegsgetöse verklungen war, und Wanderer wieder Farmer wurden, hatte sich das weiße Siedlungsgebiet in Afrika verdoppelt.

Die wahre Natur des Großen Trecks ist eine strittige, häufig diskutierte Frage. Der nüchterne Historiker sieht hier wahrscheinlich nur einen weiteren Menschenzug auf der Suche nach Lebensraum, ein Ereignis, das in einem von Massenwanderungen gekennzeichneten Jahrhundert vielleicht mit dem Vorstoß der amerikanischen Pioniere nach Westen zu vergleichen ist. Für den Afrikaaner bleibt es ein Heldenepos, aus dem seine republikanische Tradition und nationale Identität entspringt. Für das britische Beamtentum der damaligen Zeit und danach war es eine Katastrophe, der Ursprung eines geteilten Landes: der Anlaß zu dauernder Uneinigkeit zwischen Buren, Engländern und den schwarzen Völkern. Für die Schwarzen muß der Treck einfach als eklatanter Eroberungsversuch gewirkt haben. Tatsächlich gelang es dem Afrikaanervolk endgültig, riesige Gebiete zwischen dem Oranje und Limpopo zu besetzen, unabhängige Republiken zu gründen und zuletzt einen langen, bitteren Krieg gegen das Britische Reich zu führen. Es war also zweifellos das wichtigste Ereignis in der Geschichte des modernen Südafrikas.

Zu den Ursachen des Großen Trecks ist schon viel gesagt worden: von den außerordentlichen Verlusten der Buren, die als Kleinsiedler im unsicheren, östlichen Grenzgebiet mit den Xhosa im ewigen Streit um Landerwerb lagen, von dem Versagen der britischen Behörde am Kap, die ihnen keinen Militärschutz gewähren wollte, von der "unangemessenen" Berücksichtigung der Stellung und Rechte schwarzer Völker, die auf den Einfluß der Philanthropen in London und schottischer Missionare in Afrika zurückzuführen war, von der Abschaffung des Sklavenhandels, doch ganz besonders von der Einmischung der Engländer in die Angelegenheiten der sich unabhängig wähnenden Grenzer. Ein Bur legte das Prinzip dieser Angelegenheit in den 1830er Jahren einem Engländer in Bathurst einfach und unumwunden dar, indem er sagte, "zu seinen und seines Vaters Lebzeiten hätte man sie fünfmal gänzlich ausgeraubt (Überfälle der Xhosa) ... aber damals, wenn sie beraubt worden waren, hätten sie selbst etwas unternommen, doch jetzt wären ihre Hände und Füße gebunden und sie (die Xhosa) hätten freie Hand".

Es gab jedoch auch eine positivere Seite, denn das Burenvolk flüchtete nicht nur vor einer unerträglichen Situation, es suchte auch sein Gelobtes Land. Was sie in diesem riesigen Inland erwartete, wußten sie kaum, obwohl vor ihnen schon andere dort gewesen waren, nämlich einzelne Treckburen, die seit Generationen auf der Suche nach besserer Weide und nach Jagdgründen die Landschaft im Norden durchstreift hatten. Von den wenigen Informationen, die zu ihnen gelangten, hielten sie die bloße Aussicht auf Frieden und Einsamkeit für lohnend genug, sich noch weiter vorzuwagen, schon allein, weil viele der östlichen und nördlichen Gebiete dem verheerenden Wüten der sogenannten *Difaqane* ausgesetzt waren, einer Umwälzung, die nicht nur zahlreiche einheimische Völker entschieden dezimierte, sondern auch die traditionellen Beziehungen zwischen ihnen trübte. Diese beiden unterschiedlichen Faktoren förderten die Entschlossenheit der Siedler, in das Land vorzudringen.

Weicht man vorübergehend vom Thema des Großen Trecks ab (die zwei Ereignisse beeinflußten einander entscheidend), so kann man die *Difaqane* am einfachsten als eine erzungene Wanderung beschreiben, die Millionen Schwarze betraf. Anfänglich machte sie sich im Westen und Norden Zululands bemerkbar, wirkte sich aber endgültig entscheidend auf den größten Teil des nördlichen Subkontinents aus. Schaka, Führer der Zulu und oberster Kriegsherr, leitete die Ereignisse ein, da er alle Opponenten aus seiner unmittelbaren Umgebung vertrieb und sich auf einen blutigen Eroberungszug begab, der wiederum zu einer riesigen Kettenreaktion der Gewalt und Gegengewalt beitrug. Es waren auch andere Störfaktoren am Werk, v.a. die Sklavenräuber an der Küste Moçambiques und die britischen Kolonisten in Ostkapland, deren Vordringen in das Gebiet der Xhosa Landnahme und Völkerwanderung nach sich zog. Die besiegten Stämme wanderten ab, um andere zu verdrängen, die wiederum in noch entfernteren Gebieten Feuer, Tod und Hungersnot verbreiteten. Hier konnte man die klassische, vernichtende Wirkung des Dominoprinzips beobachten. Davon drei Beispiele:

Der erste Angriff Schakas galt dem von Matiwane geführten, mächtigen Ngwane-Clan in den Ausläufern der Drakensberge. Matiwane zog nach Süden und Westen, bekämpfte dort die Süd-Nguni und Sotho des Hochlandes, die sich wiederum zerstreuten und anderwärts abermals Unheil stifteten.

Mzilikaze, wohl der unternehmungslustigste General Schakas, zerstritt sich mit seinem König und floh mit einer Armee, die durch die bereits besiegten und aufgesogenen Stämme unentwegt wuchs, nach Norden. Dieser Weg der Vernichtung führte ihn zum Olifants River, dann nach Westen ins Gebiet der Sotho. Endlich wurde er von einem vereinten Heer der Trecker, Khoikhoi und Tswana besiegt und flüchtete über den Limpopo, wo er das Matabele-Reich gründete.

Zwei weitere Gruppen verdanken ihre Entstehung ehemaligen Zulu-Feldherrn: Soshangane, der seine *Impis* nach Moçambique führte (die Shangaans), und Zwangendaba, der sich im Norden am Malawisee niederließ (die Angoni).

Inzwischen machten sich die Buren auf den Weg, zuerst waren es Hunderte, dann Tausende. Es ist schwierig, in Anbetracht der äußerst verwickelten Umstände auf diesem knappen Raum eine sinnvolle Zusammenfassung zu bringen. In groben Zügen lassen sich wohl zwei Aspekte unterscheiden:

Erstens galt Natal für zahlreiche Trecker als endgültiges Ziel. Gruppenweise zogen sie daher über den Oranje und trafen sich in der Jahresmitte 1837 zwischen Taba Nchu und dem Vet River. Von hier aus machte sich die Vorhut unter Piet Retief auf nach Osten, bis nach Durban und weiter ins Zululand. Schakas Nachfolger Dingane empfing Retief mit vorgetäuschter Freundlichkeit, und bis Dezember befanden sich die meisten Trecker bereits in Natal. Das südlich des Tugela gelegene, ihnen zugesprochene Land hatte sie angespornt, ihre Ochsenwagen mühsam über die hohen Drakensberge zu führen.

Nach der formellen Unterzeichnung des Vertrags wurden jedoch Retief und die übrigen 69 Wegbereiter auf Dinganes Geheiß kaltblütig ermordet. Dingane veranlaßte auch den Angriff auf die übrigen Trecker und zwang sie zu einer Reihe grausamer Gefechte (u.a. bei Bloukrans und am Buschmanns River).

Obwohl die Trecker schwere Verluste erlitten hatten, gelang es ihnen jedoch, bis zur Dezembermitte ihre Truppen zu sammeln. Am 16. Dezember 1838, nachdem man an einem heute als Blood River bekannten Ort die ganze Nacht im Gebet verharrt und ein Gelübde geschworen hatte, konnte das Zuluheer mit Muskete und Wagenburg (*Laager*) in die Flucht getrieben werden.

Der Burenrepublik Natalia stand nur eine kurze Frist bevor. Im Mai 1842 besetzten britische Truppen Durban, sie wurden von den Buren belagert, konnten aber Verstärkungstruppen herbeirufen. (Hier fand auch der berühmte, 1 500 Kilometer weite Ritt Dick Kings statt, der die Garnison in Grahamstown um Hilfe bat). Nach vier Jahren war nun dieser Kleinstaat bereits an sein Ende gekommen. Einige Buren kehrten zum Kap zurück, doch die meisten schlossen sich jetzt dem nördlichen Hauptzug der *Voortrekker* an.

Diese hatten inzwischen die Voraussetzungen für die Besiedlung des Areals jenseits des Oranje geschaffen. Während des nächsten Jahrzehnts zogen zahlreiche kleinere Gruppen harter Pioniere mit ihren Ochsenwagen über gewaltige Strecken der unwirtlichen Landschaft, und auf ihrem Wege begegneten ihnen Elend, Entbehrung und manchen der Tod. Hitze und Dürre, Krankheiten, die Angriffe wilder Tiere und die ständigen Auseinandersetzungen mit den schwarzen Stämmen forderten zahlreiche Opfer. Am weitesten nach Norden gelangte der von Andries Pretorius geführte Zug, der bereits 1836 den Limpopo überquerte und in das heutige Simbabwe vordrang. Die Gruppe unter van Rensburg kam in Moçambique um, während Louis Trichardts Odyssee zuerst zu den Soutpansbergen Nordtransvaals und darauf nach Südosten, durch das vom Fieber heimgesuchte Moçambique zur Delagoabucht (dem modernen Maputo) führte. Hier starben er und seine Frau, worauf die wenigen Überlebenden seiner Gruppe mit dem Schiff nach Durban fuhren.

In der Mitte der 1850er Jahre hatte die Zahl der burischen Neusiedler derart zugenommen, daß man an die Gründung und formelle Anerkennung der zwei lebensfähigen, unabhängigen Staaten denken konnte. Den einen grenzten Oranje und Vaal ab, der andere lag wiederum zwischen dem Vaal und dem Limpopo.

Zwei Republiken, zwei Kolonien. Nach der Mitte des neunzehnten Jahrhunderts bildeten sich im südlichen Afrika vier wichtige sowie eine Reihe weniger bedeutende Herrschaftssysteme heraus. Obwohl natürlich gewisse Verbindungen aufgenommen wurden, machte sich eine separatistische Tendenz bemerkbar, und erst die Gründung der Union im Jahre 1910 hob diesen Zustand auf.

Das Netz der Ereignisse, die man nur in groben Zügen umreißen kann, sieht ungefähr folgendermaßen aus: In das Gebiet, das endgültig Oranjefreistaat heißen sollte, waren schon während der frühen Pionierzeit einige Treckburen eingedrungen, aber erst nach dem nördlichen Vorstoß der *Voortrekker*, also von 1835 an, begann die wirkliche weiße Besiedlung.

Die kleine Siedlungsgemeinschaft Winburg, die ihren Namen dem Burensieg über die plündernden Krieger Mzilikazis am Vegkop verdankte, wurde 1837 zur "Hauptstadt" des neuen Territoriums gewählt. Diese Entscheidung erwies sich als recht voreilig, da die starken Differenzen unter den Treckern kaum als Grundlage eines vereinigten Staates dienen konnten. Dieser Mangel an Einheit, doch auch die verwirrenden Zustände, die bezüglich des Bodenrechts und der Grenzen zwischen Schwarz und Weiß bestanden, veranlaßte die Engländer, das Gebiet zu annektieren und 1848 die Orange River Sovereignty auszurufen.

Bloemfontein erklärte man daraufhin zum Verwaltungszentrum und Hauptquartier des britischen Regierungsvertreters. Keine dieser Maßnahmen konnte jedoch die Stabilität des Gebietes bewirken.

Nach dem Bloemfonteiner Konvent im Jahre 1854 erkannte die britische Regierung aber endlich die Unabhängigkeit der Republik Oranjefreistaat an. Unter der zuverlässigen Führung von Jan Brand, der dem Staat von 1864 bis 1888 in entscheidenden, krisenreichen Jahren als Präsident diente, erlebte man wirklichen Fortschritt. Obwohl Brand die Vorherrschaft der Engländer auf dem Subkontinent akzeptierte, widerstand er aber gelassen allen Schachzügen, vor allem denen des Kolonialsekretärs Lord Carnarvon, die einer Konföderation südafrikanischer Staaten galten.

Nachdem man jedoch 1867 Diamanten im nördlichen Kapland entdeckt hatte, stellte sich nicht nur der Wohlstand, sondern auch die entsprechende politische Macht ein, während 1888 die Ankunft der Eisenbahn und das im folgenden Jahre abgeschlossene Zollabkommen mit der Kapkolonie die Position des Freistaats weiterhin stärkte.

Natal war die zweite der selbstverwalteten Kolonien Südafrikas im neunzehnten Jahrhundert. Nach der Auflösung der Burenrepublik Natalia im Jahre 1844 wurde das Gebiet zwar von der Kapkolonie annektiert, doch bereits im darauffolgenden Jahr getrennt verwaltet. Dank der gegen Ende des nächsten Jahrzehnts stark geförderten Einwanderung konnte sich das Land während der zweiten Hälfte des Jahrhunderts schnell entwickeln. 1856 lebten in Durban und seinem üppigen Hinterland 8 000 weiße Siedler. (Hier wimmelte es von Wild, und bis tief ins zwanzigste Jahrhundert hinein beobachtete man noch oft Elefanten in Stadtnähe.) 1893 war die Einwohnerzahl bereits auf 50 000 gestiegen.

Im Laufe des vergangenen Jahrhunderts und bis zum heutigen Tage überwog jedoch zahlenmäßig immer der Teil der Bevölkerung, der sich aus anderen Rassen zusammensetzte, d.h. in erster Linie Nguni, insbesondere Zulu. Trotz der eifrigen, behördlichen Bemühungen, das Bodenrecht der "Eingeborenen" zu wahren, bestand wegen der Übergriffe der Weißen ständig die Gefahr bewaffneter Konflikte. Den Höhepunkt der Zulukriege leitetete 1879 die Niederlage der britischen Armee bei Isandlwana ein, kurz darauf folgten Heldentaten bei Rourke's Drift und der endgültige, entscheidende Sieg bei Ulundi über die Regimenter Ketschwayos. Man zerschnitt das Zululand rücksichtslos in dreizehn Gebiete, die je einem Häuptling unterstanden, darauf annektierte Großbritannien 1887 das Territorium, ehe es vier Jahre später der Kolonie Natal einverleibt wurde.

Die ersten, unter Arbeitsvertrag stehenden Inder kamen 1860 an (*siehe* Seite 12), und in den darauffolgenden Jahren wuchs diese ethnische Gruppe ebenfalls und trug zum Vielvölkergemisch Südafrikas bei. Um die Jahrhundertwende überholten auch sie zahlenmäßig die weiße Bevölkerung der Kolonie.

Im späten neunzehnten Jahrhundert bestand die kaleidoskopische Vielfalt des Subkontinents also bereits – Völker mit eigener und unterschiedlicher Identität, verkettet durch Geschichte und Geographie – die Begegnung der Kulturen mußte, das ließ sich wohl kaum vermeiden, zu Interessenkonflikten führen: Engländer, Afrikaaner und Mischlinge im westlichen Kapland, Xhosa und Weiße im östlichen Kapland, Zulu, Asiaten und Engländer in Natal, Buren und Schwarze in den beiden Burenrepubliken, zudem eine wahre Horde der *Uitlanders*, die bald in die Goldfelder strömen würden.

Diamanten, Gold und Krieg. Nachdem man 1867 bei Griqualand-West nördlich der Kapkolonie unermeßlich reiche Goldfelder aufgefunden hatte, trat eine entscheidende Wende ein, denn nun wurde ein Gebiet, das man in England als hinterwäldlerisch, teilweise sogar als lästiges Übel und zweifelhafte Errungenschaft des Empires eingestuft hatte, äußerst wertvoller Kolonialbesitz. Diamant- und Schatzsucher, Gammler, Glücksritter, doch auch eine ganze Reihe ehrenhafter Männer eilten aus allen Teilen der Welt herbei. Zahlenmäßig überwogen aber die Kap-Engländer, die dabei waren, als der ursprüngliche Diamanthügel abgebaut wurde, auch als das spätere "Große Loch" Kimberleys entstand und man den größten aller Edelsteinfunde ausbeutete. Schwierigkeiten bestanden während der ersten hektischen Jahre des Diamantrausches mehr als genug: über Nacht erwarb man ein Vermögen und verlor es wieder, es gab Männer, die sich ihre Zigarren mit Zehnpfundscheinen ansteckten, der Sekt floß in Strömen, aber in den vernachlässigten Zelten, Baracken und selteneren Backsteinbauten kannte man ebenso die Schattenseiten des Lebens. Schon nach ganz kurzer Zeit hatte Kimberley mehr Einwohner als Kapstadt, nur standen hier wenige der notwendigen öffentlichen und städtischen Einrichtungen zur Verfügung. Verbrechen nahmen zu, Alkohol und Glücksspiele gehörten zum Alltag, auch fanden in den ersten Jahren politische Unruhen statt, die sporadisch randallierende Massen anzettelten (z.B. der komische Versuch, eine "Goldsucherrepublik" auszurufen, sowie die Black Flag-Revolte im Jahre 1875). 1871 annektierte Großbritannien Griqualand-West und verwaltete es neun Jahre lang direkt, bis man es der Kapkolonie einverleibte. Inzwischen ging es hier etwas alltäglicher zu, während der Anschein der Anständigkeit durch den Einfluß des jungen Finanzgenies Cecil John Rhodes gewahrt wurde. Als kränkelnder, neunzehnjähriger Einwanderer aus England folgte Rhodes schon recht bald dem Ruf der Diamantstadt. Innerhalb von zehn Jahren gelang es ihm, die Schürfrechte der kleinen Unternehmer unter seiner gewaltigen Dachorganisation zu vereinen und darauf den fast ebenso erheblichen Aktienbesitz des extravanganten Barney Barnato aufzukaufen. In der Mitte der 1880er Jahre hatte er den internationalen Diamantenhandel in der Hand. Somit schuf er die Voraussetzung für seinen kometenhaften Aufstieg als Politiker und auch die Gründung eines Imperiums. Im Geiste sah er bereits ganz Afrika vom Kap bis nach Kairo unter dem roten Reichsbanner Großbritanniens.

In politischer Hinsicht war jedoch der zufällige Goldfund im Juli 1886 bedeutender. Dieses größte Vorkommen der Welt entdeckte man am Witwatersrand, das nur 50 Kilometer von der Burenhauptstadt Pretoria entfernt liegt. Paul Krüger, der damalige Präsident der Südafrikanischen Republik, stand dem plötzlichen Zustrom der *Uitlanders* argwöhnisch gegenüber. Seine stark beanspruchte Schatzkammer brauchte die dem Staat aus Bergwerken und "Konzessionen", d.h. aus Monopolen zufließenden Gelder dringend, aber die Neuankömmlinge bedrohten seine kleine, auf ihre Unabhängigkeit bedachte Bürgerrepublik allein durch ihre zahlenmäßige Übermacht. Die *Uitlanders* Johannesburgs verlangten ihrerseits die Einbürgerung – zuerst vernünftig, darauf lauthals und endgültig gewalttätig. 1895 gestaltete sich die Auseinandersetzung zwischen der aufsässigen, englischsprachigen Bevölkerung, die eine Reihe Minenmagnaten (das sogenannte Reformkomitee) anführte, und einem alternden Präsidenten, der auf die Wahrung der Identität des Afrikaaners in Transvaal bedacht war, zur wahren Krise. Am 30. Dezember begann Dr. Leander Starr Jameson mit seinen Anhängern vom Betschuanaland den berühmten aber unbedachten Ritt auf Pretoria und Johannesburg.

An der Verschwörung, die dem Jameson-Anfall voranging, waren eindeutig vier Parteien beteiligt: Cecil Rhodes (inzwischen zum Premierminister der Kapkolonie avanciert und fest entschlossen, den Goldschatz dem Empire zuzuführen), das Komitee der *Uitlanders*, der abenteuerliche Dr. Jameson und schließlich der mächtige britische Kolonialsekretär Joseph Chamberlain, dessen Mittäterschaft sich kaum vertuschen ließ.

Nur das recht fragwürdige Reformkomitee beseelte der aufrichtige Wunsch, Ungerechtigkeiten aufzuheben, während die übrigen hauptsächlich an der Eroberung des Gebiets interessiert waren.

Der Plan, der davon ausging, daß der Putsch und ein Volksaufstand in Johannesburg gleichzeitig stattfanden, schlug völlig fehl. Jameson und seine Helfer wurden besiegt, gefangengenommen, verhört und verurteilt. (Die Anführer verbüßten nur eine kurze Gefängnisstrafe).

Wieder einmal sanken die gespannten Beziehungen zwischen Buren und Briten auf den Nullpunkt.

Großbritanniens Perfidie und geheimen Absichten in bezug auf seine Republik und deren Gold konnten Krügers Argwohn bestätigen. Während der nächsten zwei Jahre zeigte sich bereits die Berechtigung seiner Bedenken. Chamberlain und sein Vertreter am Kap, der Erzimperialist Alfred Milner, setzten sich entschlossener denn je für die "Vereinigung des südlichen Afrikas" ein und beschönigten somit ihr eigentliches Ziel, Transvaal in den britischen Einflußbereich zu bringen – möglicherweise durch Verhandlungen, doch notfalls mit Gewalt. In den langen, schleppenden Monaten der diplomatischen Unterredungen versuchten die Burenführer verzweifelt, den endgültigen Bruch zu verhindern, indem sie den Forderungen Milners hinsichtlich der Rechte der *Uitlanders* nachgaben, aber bald und immer wieder mußten sie sich anderen, härteren Forderungen stellen. "Es gibt keine andere Lösung: entweder Reform in Transvaal oder Krieg," behauptete der Hochkommissar. Krüger antwortete: "Ihr wollt unser Land." Und am 12. Oktober 1899 brach der Krieg aus.

Die meisten Länder wie Großbritannien, die europäischen Mächte und die USA glaubten, in wenigen Wochen wäre alles vorbei. Doch es war zwei Jahre lang der Einsatz der besten britischen Regimenter erforderlich, um die Bürgerkommandos Transvaals und des Oranjefreistaats zu unterwerfen.

Während der ersten Monate gewannen die Buren die Oberhand, nachdem sie entscheidend bei Colenso, Stormberg und Magersfontein gesiegt hatten. Darauf belagerten sie die Schlüsselgarnisonen Mafeking, Kimberley und Ladysmith, während an der Ostflanke der brillante junge General Louis Botha einen bedeutenden Vorstoß nach Natal machte. Schließlich gaben jedoch die größeren Zahlen und Reserven der feindlichen Armee den Durchschlag. Es gelang Redvers Buller, die Tugelalinie zu durchbrechen und am 28. Februar 1900 Ladysmith zu entsetzen. Lord Roberts und sein Stabschef Horatio Kitchener schlugen eine Bresche in die Mittelfront und besetzten im Mai des selben Jahres Johannesburg, im Juni auch Pretoria. Jetzt war das Gebiet nur noch von den verbliebenen Truppen zu säubern, sonst schien alles vorbei.

Der Krieg schleppte sich aber noch weitere 23 Monate hin, Zehntausende kamen um, der Norden des Landes wurde verwüstet. Burenkommandos unter Führern wie Botha, Christiaan de Wet, Jan Smuts and J.B.M. Hertzog zogen sich in das freie *Veld* zurück, von wo aus sie Blitzüberfälle auf die Verbindungen des Feindes, seine Vorräte und abgelegenen Garnisonstädtchen unternahmen.

Kitchener, der inzwischen zum Befehlshaber befördert worden war, rächte sich mit dem Bau von Blockhäusern (über 8000), die er mit Soldaten besetzte, und Konzentrationslagern. Dreißigtausend Anwesen wurden vernichtet, ganze Dörfer niedergebrannt. Der Burensoldat Deneys Reitz, Sohn des ehemaligen Präsidenten des Oranjefreistaates, beschreibt die Reise durch ein solches entstelltes Gebiet: "(wir) ließen nur schwarze Ruinen und zertretene Felder zurück, so daß wir mit unserem Wagen, einem einsamen Schiff auf See gleich, eine schweigsame, unbewohnte Einöde durchsteuerten."

Die Frauen, Kinder und schwarzen Arbeiter der Buren auf dem Lande trieb man zu Tausenden zusammen und internierte sie. So starben über 27 000 Weiße (einschließlich 22 000 Kindern) und eine unbestimmte Zahl Schwarze, größtenteils an Seuchen, die infolge der unhygienischen Verhältnisse in den übervollen Lagern grassierten. Das abgebrannte Land und die Konzentrationslager waren Schreckbilder, die Südafrikaner zwei Generationen lang verfolgten.

Endlich mußten sich die erschöpften Buren notgedrungen mit den Tatsachen abfinden. Am 15. Mai 1902 handelten ihre Führer das Abkommen von Vereeniging aus, das im Melrose-Haus (Pretoria) unterschrieben wurde.

Neugestaltung und Vereinigung. Eigenartigerweise tat sich nach dem Krieg ausgerechnet der Kriegsherr Lord Milner als Architekt des Wiederaufbaus hervor. Er wollte den entstandenen Schaden beheben, die entvölkerten Gebiete erneut besiedeln, die Bergwerke wieder in Betrieb setzen, einen Zollverein gründen, dem Friedensabkommen Gültigkeit verschaffen – also eine neue Nation erschaffen. Wenn sich das Land wirtschaftlich erholte, so meinte er, würden die Kriegswunden genesen und könnte man das Vertrauen der Transvaaler und Freistaater wiedergewinnen. Sein besonderes diplomatisches Geschick offenbarte er, wenn es um das zwar verletzte, doch noch ungebeugte Afrikaanertum ging, und er sprach den Buren ein öffentliches Lob aus, das "der Vaterlandsliebe, dem Mut, der Findigkeit, der Ausdauer und Zurückhaltung beim Sieg, der Gelassenheit im Angesicht der Niederlage" dieses Volkes galt.

Hinter diesen großen Worten steckte jedoch der wahre Milner, dessen Neue Welt nur eine angelsächsische sein durfte. So beabsichtigte er u.a. die Ansiedlung von 10 000 englischsprachigen Farmern im Highveld, zudem sollte fortan in staatlichen Schulen "Holländisch gebraucht werden, um Englisch zu lehren, und Englisch für alles andere."

Auch in Rassenfragen verhielt er sich nicht sehr fortschrittlich. Fast alle Mitglieder der Native Affairs Commission waren englischsprachige Weiße, die sich ausschließlich für "Locations" und Rassentrennung einsetzten.

Mit seiner Anglisierungspolitik stieß Milner unter den Afrikaanern auf besonders starken Widerstand. Dagegen übertraf der Erfolg seines Wiederaufbauprogramms selbst die positivsten Erwartungen. Um diesen Aufschwung der Wirtschaft zu fördern, umgab sich Milner mit einer Reihe junger, begabter Akademiker der Universität Oxford: Anwälte, Verwaltungsbeamte, Wirtschaftswissenschaftler. Zu ihnen zählten Patrick Duncan (der spätere Generalgouverneur Südafrikas), Lionel Curtis, Verfasser des entscheidenden Selborne-Memorandums, Philip Kerr (wurde britischer Botschafter in Washington), Geoffrey Dawson, der zukünftige Redakteur des Johannesburger *Star* und der Londoner *Times*, sowie John Buchan (Lord Tweedesmuir), der berühmte Autor und spätere Generalgouverneur Kanadas. Man nannte sie "Milners Kindergarten", doch sie stellten ihr glänzendes Talent dem Wiederaufbau erfolgreich zur Verfügung.

An diesem Prozeß waren die Goldbergwerke, die unter einem kritischen Mangel an Arbeitskräften litten, wesentlich beteiligt. Der Krieg hatte die schwarzen Arbeiter in alle Winde verstreut, und sie kehrten nur zögernd zurück. Milner verpflichtete daher unter Vertrag stehende Chinesen. Diese Maßnahme war in Südafrika und England äußerst umstritten, man schickte sie daher nach einigen Jahren in ihre Heimat zurück, doch hatten sie ihren Zweck erfüllt: die Bergwerke gaben abermals ihre Schätze preis. Auch auf anderen Gebieten stellte sich der Erfolg ein: die Buren waren Ende 1902 schon größtenteils auf ihre Besitzungen zurückgekehrt, zwischen Kimberley und dem Witwatersrand legte man eine Eisenbahnlinie an, eine weitere verband Natal mit den Bezirken am Oranje. 1903 gründete man einen subkontinentalen Zollverein.

Auf politischem Gebiet ereignete sich inzwischen ebenfalls viel. *Het Volk*, eine unter Leitung der ehemaligen Generäle Botha und Smuts stehende Organisation der Afrikaaner, begann sich 1905 für die zweite Sprache und andere Rechte der Gruppe einzusetzen. Die *Oranje-Unie* war eine weitere Afrikaanerpartei, doch bald ließen beide auch englischsprachige Mitglieder zu. Aus den Wahlen für die Legislative der selbstverwalteten, 1907 eingerichteten Kolonien Transvaal und Oranje gingen die zwei Parteien siegreich hervor.

Viele träumten aber von größeren Dingen, nämlich einer Föderation, der die Vereinigung folgen konnte. Diese Zukunftsvision stellte Jan Smuts folgendermaßen dar: "Was wir wollen," sagte er, "ist eine nationale Oberinstanz, die den nationalen Willen Südafrikas ausdrückt, alles andere ist wirklich nebensächlich."

In drei aus vier Gebieten befürworteten führende Politiker die Union, während die weiße Wählerschaft in allen Gebieten ebenfalls ihre Zustimmung gab. (In Natal entschieden sich die Politiker dagegen, die Wähler dafür.) Vom Oktober 1908 bis Mai 1909 erörterte ein Nationalkonvent diese Frage, und im Unionsgesetz des Jahres 1910 fanden die meisten der Vorschläge endgültig Aufnahme. Am 31. Mai 1910 schlossen sich die vier Kolonien zu einem unabhängigen Land zusammen, auch auf den Status eines Dominion sollten sie nicht mehr lange warten müssen. Nach der am Westminstersystem ausgerichteten Verfassung lag die Legislative beim Parlament: dem Senat (mit vorwiegend beratender Funktion) und dem Kabinett (10 Mitglieder), vier Provinzialbehörden mit weitgehender Macht und einem Generalgouverneur, der die Krone vertrat. Bis zur Errichtung der Republik (1961) änderte sich diese Staatsform kaum.

Die neue politische Ordnung schloß jedoch Betschuanaland, Basutoland und Swasiland aus, die weiterhin dem britischen Hochkommissariat unterstanden, bis sie endlich in den 1960er Jahren völlig unabhängig wurden.

Bedeutsam ist, daß die Demokratisierung die Schwarzen überhaupt nicht berücksichtigte, man berief und ernannte einfach Weiße zur Vertretung ihrer Interessen. Nur in den führenden Kreisen des Kaplands hatte man sich wiederholt energisch für die sogenannte "Zivilisationsprobe" eingesetzt (auf Besitz, Einkommen und Ausbildung beruhend), wodurch einige Schwarze wahlberechtigt gewesen wären, manche Weiße dagegen nicht. Liberale, wie W.P. Schreiner, der fortschrittlich denkende Afrikaaner François Malan und Premierminister J.X. Merriman konnten nur erreichen, daß man zögernd die "Mischlingsstimme" in der Verfassung verankerte und Mischlingen das Recht zuerkannte, sich für den Provinzialrat des Kaps aufstellen zu lassen. Selbst gemäßigte und liberale Stimmen aus Natal und in der britischen Regierung unterstützten diese Vorschläge kaum, während der Norden sich heftig dagegen äußerte.

Ebenso wesentlich ist die Tatache, daß Holländisch und Englisch durch die Verfassung gleiche Bedeutung erlangten. Für Afrikaaner, die sich so lange und intensiv für alles, was das bedeutete, eingesetzt hatten, war es ein großer Sieg, denn so bestätigte sich die Identität des Afrikaaners als zusammengehörige, nationale, politische Macht.

WACHSTUM, WANDEL UND POLARISIERUNG

Von 1910 bis 1948, also zwischen der Unionsgründung und der entscheidenden Wahl, vollzog sich der Übergang der ehemaligen Kolonialgebiete zum mächtigen, modernen Industriestaat. Auch zu erwähnen sind die Kriegsjahre, tiefgreifende Veränderungen in der Gesellschaft und die verwickelte, politische Interaktion, die sich alle wahrscheinlich eher thematisch als chronologisch aufzeigen lassen:

Louis Botha war bis zu seinem Tode im Jahre 1919 Premierminister der Union, worauf sein enger Mitarbeiter und natürlicher Nachfolger Jan Smuts die Zügel in die Hand nahm. Auf beide trifft eher das Attribut "Staatsmann" als "Politiker" zu, beide glaubten an eine Versöhnung zwischen den zwei weißen Kulturgruppen Südafrikas, beide waren "Empiremänner", d.h. sie legten großen Wert auf enge Bande mit der ehemaligen Kolonialmacht, dem Empire, beide zogen daher an der Seite Englands gegen Deutschland in den Krieg.

Der dritte General, J.B.M. (Barry) Hertzog, war aus ganz anderem Holz geschnitzt: ein leidenschaftlicher Nationalist, der sich anfangs entschlossen für die Verwurzelung der Afrikaanermacht einsetzte, aber gegen Ende seiner politischen Laufbahn ratsamere Kompromisse eingehen mußte.

Während der verzwickten, politischen Winkelzüge der 1920er und 1930er Jahre standen sich Smuts und Hertzog zwar meistens als Antagonisten gegenüber, doch immer im Mittelpunkt der Ereignisse, bis sie endlich 1933 auf dem Tiefpunkt der Großen Depression zueinander fanden, um eine Regierungskoalition zu bilden, in der Hertzog Premierminister war. Im darauffolgenden Jahr schlossen sich die Parteien, die sie vertraten, zur United Party (Vereinigte Partei) zusammen, und die zwei Führer kümmerten sich bis zum Ausbruch des Zweiten Weltkriegs im September 1939 gemeinsam um die Staatsgeschäfte. Zu diesem Zeitpunkt trat Hertzog zurück, der bis zuletzt gegen die Engländer eingestellt war.

Einige nationaldenkende Afrikaaner, die unerbittlichen Konservativen, hatten sich 1934 geweigert, Hertzogs Beispiel zu folgen. Trotzig gründeten sie ihre eigene, "gesäuberte" Nationale Partei unter dem Geistlichen und Redakteur D.F. Malan aus dem Kapland. Smuts, den jetzt in erster Linie das Weltgeschehen während des Krieges und der unmittelbaren Nachkriegsjahre beschäftige, unterschätzte bei weitem die Wirkung einer Bewegung, deren Grundstein das Konzept der Apartheid war, und die gerade deshalb an der Basis – und bei den Wählern beider Sprachgruppen – einschlug. Diese Kurzsichtigkeit der United Party zeigte sich am Wahlergebnis 1948.

Die Kriegsjahre: Im 20. Jahrhundert zogen südafrikanische Truppen zweimal zur Unterstützung ihrer westlichen Verbündeten ins Feld.

Ehe Premierminister Louis Botha 1915 in Deutsch-Südwestafrika einmarschierte, war er vorerst gezwungen, im eigenen Land einen regelrechten Aufstand zu unterdrücken. Unter zahlreichen Afrikaanern waren die bitteren Erinnerungen an die Konzentrationslager und brennenden Farmen noch immer wach, vor kaum mehr als einem Jahrzehnt hatten sie um den eigenen Fortbestand gekämpft, und nun wollte "der Feind" sie in einen noch weitaus umfangreicheren Streit verwickeln. Im ganzen empörten sich ungefähr 11 000 Bürger unter Christiaan de Wet und anderen, ehemaligen Guerillahelden gegen die Regierung. Eine große Kommandotruppe, die in der Nähe der südwestafrikanischen Grenze (im heutigen Namibia) stationiert war, lief sogar zu den Deutschen über.

Da es aber im allgemeinen an Unterstützung für die Sache der Rebellen fehlte, war die Erhebung von kurzer Dauer. Anfang 1915 hatten die disziplinierteren Regierungstruppen sie zersprengt, die meisten Anführer wurden festgenommen, einer war im Vaal ertrunken, ein anderer wurde verurteilt und hingerichtet.

Jetzt konnte Botha sich auf den wahren Feind konzentrieren. Unter seinem persönlichen Kommando standen 12 000 Mann, die von Swakopmund aus ins Inland marschierten, von Lüderitzbucht an der Westküste setzte sich gleichzeitig eine Truppe unter Smuts in Bewegung, während andere Kolonnen auch vom Oranje her einrückten. Nur eine kleine deutsche Garnison besetzte das gewaltige Land, und Mitte Juli war alles vorüber. In der Londoner *Times* stand zu lesen: "Unserer jüngsten Schwesternation kommt die Ehre unseres ersten, vollkommenen Waffensiegs zu. Somit verschwindet Deutschland von der Landkarte Afrikas." Endgültig erwies sich diese stolze Eroberung keineswegs als Segen, jedenfalls nicht vor der Völkergemeinschaft. 1960 wurde das Gebiet vom Völkerbund als Mandat an Südafrika vergeben, 1968 tauften die Vereinten Nationen es auf den Namen Namibia um, doch bis zu seiner Unabhängigkeit war es fast ständig die Ursache diplomatischer Kontroversen.

Im Laufe des Ersten Weltkriegs nahmen Südafrikaner auch in Ostafrika und an der europäischen Westfront am Kampf teil, aus dem die Unionstruppen immer ruhmvoll hervorgingen. Smuts, der zum Oberbefehlshaber der Afrika-Armee des Empires ernannt worden war, führte einen langen, doch endgültig siegreichen Feldzug im Osten gegen den ihm ständig ausweichenden General Paul Emil von Lettow-Vorbeck. Wesentlich blutiger verliefen aber die Schlachten in Flandern. Vor allem in einer, dem Stellungskampf im Delville-Wald (Juli 1916), verteidigten sich 121 Offiziere und 32 032 Mann der South African Brigade eine Woche lang erfolgreich gegen die erbarmungslose Bombardierung und alle Gegenangriffe. Nur fünf Offiziere und 750 Mann waren danach unversehrt.

1939 kam es bezüglich des Kriegseintritts Südafrikas abermals zu Zwistigkeiten. Aber Jan Smuts – Soldat, Staatsmann, Gelehrter, Winston Churchills und Mohandas Gandhis Freund, Mitglied des britischen Kriegsministeriums, Loyalist (er gehörte zu den wichtigsten Architekten des Statute of Westminster, das 1931 die Proklamierung des Commonwealth of Nations ermöglichte) – trug in der Regierungswahl mit 80 zu 67 Stimmen den Sieg davon. Während des gesamten Krieges ließ der Widerstand nicht nach und zeigte sich vor allem an den Aktivitäten der Untergrundbewegung *Ossewabrandwag*. Im großen und ganzen waren jedoch die Gegenstimmen in der Minderheit, nicht nur zahlreiche Weiße beider Sprachgruppen meldeten sich zum Einsatz, sondern auch Mischlinge. Die südafrikanischen Truppen kämpften abermals in Ostafrika (dort schlugen sie vor allem Mussolinis Streitmächte in Abessinien vernichtend), in der Westsahara, auch in Europa und schleppten sich in einem schwierigen, undankbaren Feldzug mühsam durch Italien.

1

2

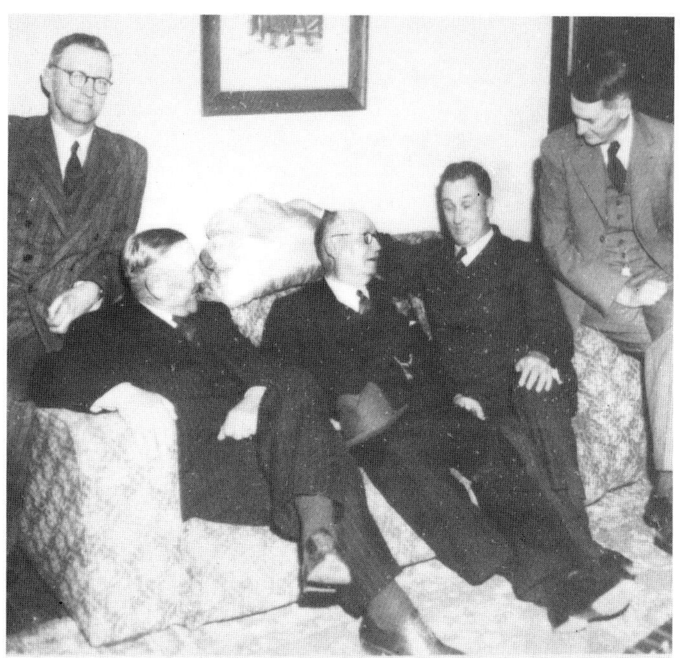

3

4

POLITIK UND PROTEST. Die Jahre nach dem Sieg der Nationalen Partei 1948 kennzeichneten drakonische Sozialgesetze, die offizielle Einbürgerung der *apartheid*, (die später Getrennte Entwicklung hieß), und zunehmende Rassentrennung. Die vorwiegend englischsprachige, weiße Opposition wurde von ihrer wachsenden Unwirksamkeit gelähmt.

Das britische Königshaus besuchte Südafrika 1947 zum letzten Mal. (1). Die neue Regierung (2): Premierminister D.F. Malan (mit abgezogenem Hut), an seiner Seite C.R. Swart, der Justizminister während der ersten elf kritischen Jahre der nationalistischen Machtübernahme und spätere erste Staatspräsident der Republik, N.C. Havenga, Finanzminister von 1948 bis 1955, J.G. Strijdom, der Nachfolger Malans, und Dr. E.G. Jansen. Die Personifikation südafrikanischen Unternehmertums: Sir Ernest Oppenheimer (3), dessen Familie sich bisher immer stark für eine gemäßigte Politik engagiert hat. Außerparlamentarisches politisches Handeln in den 1950er Jahren schloß Massendemonstrationen des Fackelkommandos (5) ein, eine Organisation, die gegen die neuen

5

6

7

8

10

9

11

Rassengesetze protestierte, doch ebenso die schweigende Wache der Black Sash (5) angehöriger Frauen. Vorsitzender der Oppositionspartei war zu diesem Zeitpunkt Sir De Villiers Graaff (6), der den langsamen Niedergang der einst mächtigen United Party von Smuts miterleben mußte. Hendrik Verwoerd (7), der Nestor sozialer Umstrukturierung, war von 1958 bis zu seiner Ermordung im September 1966 Premierminister. Albert Luthuli, der Empfänger des Nobel-Friedenspreises (8), setzte sich für Gewaltlosigkeit ein. Hier bei einem Besuch des amerikanischen Senators Robert Kennedy. Alan Paton, der Autor des Werkes *Cry, the Beloved Country.* (9). Fast ein Jahrhundert lang verbanden Linienschiffe (10) Südafrika im wahren und im übertragenen Sinne mit England. Das letzte dieser stolzen Schiffe, die *Windsor Castle*, ließ am 6. September 1977 die Tafelbucht hinter sich. Der tragische Wendepunkt: Opfer des Einsatzes der Polizei in Sharpeville, 1960, werden beerdigt. (11). Trotz wachsender Kritik galt Südafrika bis zu diesem Ereignis als Mitglied der großen Weltgemeine, wurde aber von nun an immer stärker isoliert.

Wirtschaftswachstum: Die Nutzung der Goldfelder am Witwatersrand löste vom frühen zwanzigsten Jahrhundert an die zunehmende Industrialisierung und definitionsgemäß ebenfalls die Verstädterung aus. Der Bergbau konnte die Basis für den imposanten Überbau der verarbeitenden Schwerindustrie schaffen, zu deren ersten Giganten ISCOR gehörte, ein gewaltiges, vom Staat gegründetes Unternehmen, das 1934 in Betrieb genommen wurde und heute (aus Steinkohle und Eisen des Landes) Stahl verhüttet sowie exportiert. Die Entwicklung des Bergbaus (*siehe* Seite 45) bildete eine solide Grundlage für die verarbeitende Industrie, während zwei Weltkriege und die internationale Nachfrage nach südafrikanischen Rohstoffen und Fertigerzeugnissen den Fortschritt ebenfalls begünstigten.

Gleichzeitig zwangen periodische Dürren, Wirtschaftskrisen und neue, arbeitsintensive Landwirtschaftsmethoden zahlreiche Kleinbauern und Pächter, die sogenannten *Bywoners*, zur Landflucht. Schon 1890 wurde das Problem der "poor whites" (arme Weiße) zum erstenmal erörtert, wenige Jahre später berichtete die Transvaal Indigency Commission von den Flüchtlingen, die zu Zehntausenden die ländlichen Bezirke verlassen hatten und nun "in jämmerlichen Baracken am Stadtrand" lebten, wo sie sich – größtenteils erfolglos – gegen die ebenfalls von der Industrie aufgesogene, niedere Einkommensschicht der Schwarzen zu behaupten suchten. 1931 ermittelte daraufhin ein von der Carnegie Corporation finanziertes Projekt, daß aus den ungefähr 1,8 Millionen weißen Südafrikanern über 300 000 als "völlig verarmt" eingestuft werden mußten.

Dies traf natürlich während der Weltwirtschafskrise zu, doch sollten bessere Verhältnisse eintreten. Umfangreiche Hilfsprogramme der Regierung sorgten für größeren Wohlstand und die Überwachung der Ausbildungsmethoden, auch fanden Weiße in zunehmendem Maße in der verarbeitenden Industrie Aufnahme, so daß man der Meinung eines Historikers nach gegen Ende der 1930er Jahre "das Problem der armen Weißen fast gänzlich gelöst" hatte. Ein unangenehmes Erbe schlug sich aber im Arbeitsrecht nieder: der Staat, einer der Hauptarbeitgeber, sorgte durch künstliche Kontrolle dafür, daß bis ca. 1970 nur einer bestimmten Schicht Arbeitsplätze vorbehalten waren.

Blickt man zurück, so zeigen sich am Arbeitsverhältnis in Südafrika zahlreiche Mängel. In den Jahren nach der Unionsgründung gehörten Streiks und Unruhen zu den traurigen, regelmäßig wiederkehrenden Tatsachen. Am erschütterndsten war die sogenannte "Rote Revolte" 1922. Im Januar des Jahres begannen 22 000 Bergleute sowie im Maschinenbau und an Elektrizitätswerken beschäftigte Arbeiter am Witwatersrand zu streiken und sich zu paramilitärischen Kommandos zusammenzuschließen, in die sich bald marxistische Aktivisten einschleusten. Es kam zum offenen Kampf, man mobilisierte die Wehrmacht, und 153 Menschen mußten das Leben lassen (einschließlich 72 Mann der Regierungstruppen), 534 wurden verwundet.

Dieser Aufruhr hob auf recht drastische Weise eine Konstante der Sozial-und Wirtschaftsgeschichte des modernen Südafrikas hervor: die Furcht der Weißen vor Übergriffen der Schwarzen. In den 1920er und 1930er Jahren waren die Zeiten schlecht und schwarze Arbeitskräfte äußerst billig (Bergleute verdienten 2s. 2d. am Tag). Man errechnete öffentlich, daß über £1 Million pro Jahr gespart werden könnte, wenn in den Bergwerken 50 Prozent der von Weißen besetzten Arbeitsplätze von schwarzen Arbeitern übernommen würden. Die Unternehmensleitung war mit diesen Tatsachen vertraut, doch die Gewerkschaften ebenso, und sobald man im Dezember 1921 bekanntgab, daß 2 000 weiße Angelernte der Goldbergwerke den Arbeitsplatz verlieren sollten, ging man auf die Barrikaden.

Zwischen der schwarzen und weißen Verstädterung bestanden selbstverständlich Parallelen. Von den ersten Jahren des Jahrhunderts an entwickelte sich ein neues Proletariat, das man von amtlicher Seite als "zeitweilig" betrachtete. Zum Teil setzte sich diese Schicht aus Wanderarbeitern zusammen, die zu Zehntausenden aus den Nachbargebieten herbeiströmten und sich in den aus dem Boden geschossenen "Townships" am Witwatersrand und dem östlichen Kapland niederließen. Schwarze Pachtgesetze und der Anspruch auf gemeinsame Arbeitskampfmaßnahmen gehören zu den wesentlichsten Reformen, die erst seit den frühen 1980er Jahren gültig sind.

Sozialreform. Die Nationale Partei, die unter dem neuen Premierminister Dr. D.F. Malan 1948 mit einer bloßen Mehrheit von fünf Stimmen eine Regierung bildete, war über 40 Jahre an der Macht.

Ihrer Politik lag während der ersten zwei Jahrzehnte die formale Trennung oder auf rassischen Grundsätzen beruhende Schichtung zugrunde. Man sah in getrennter Entwicklung die Lösung der gewaltigen, durch kulturelle Vielfalt und auch widersprüchliche Interessen bedingten Probleme. Diese drakonische, umfassende Gesetzgebung beruhte auf der Group Areas Act des Jahres 1950, wodurch u.a. die auf der Rasse beruhende, räumliche Trennung der verschiedenen Wohnviertel erzwungen wurde. Andere Satzungen betrafen die Bewegungsfreiheit der Schwarzen, den Ausweiszwang, die formelle Trennung der Rassen aufgrund ihrer Hautfarbe, Überwachung des Arbeitsplatzes und ein wahres Arsenal an Sicherheitsgesetzen.

Nicht alles war vollkommen neu, denn die verschiedenen Metalle im Schmelztiegel der südafrikanischen Völker hatten sich eigentlich noch nie gänzlich aufgelöst. Schon in der frühen Kolonialzeit bestand diese Trennung und wurde weiter durch den Konkurrenzkampf, durch scheinbar unvereinbare kulturelle Gegensätze, durch erheblichen, indirekten Druck und durch amtlichen Erlaß aufrechterhalten. Obwohl diese Politik nicht auf die Regierungszeit der Nationalen Partei beschränkt war, bemerkte man doch von 1949 an qualitative sowie quantitative Veränderungen. Jetzt führte das Afrikaanertum zum erstenmal das Nationalsteuer, und zum erstenmal verankerte man die strenge Rassentrennung in umfassender Gesetzgebung und stark gegliederter Verwaltung.

Es gab auch Gesetze, die nur für Mischlinge ("Coloureds") galten. 1951 erließ man nämlich den Separate Registration of Voters Act, der die Streichung der Mischlinge von der Wählerliste bezweckte (sie sollten fortan von vier weißen Abgeordneten vertreten werden), doch wurde das Gesetz vom Berufungsgericht ungültig erklärt. Nach fünf weiteren, von Kontroversen erfüllten Jahren und erstaunlicher, verfassungsrechtlicher Akrobatik trat es dann doch in Kraft. 1969 verfielen auch die letzten Anzeichen der Volksvertretung für die Mischlinge, und an deren Stelle trat jetzt der teilweise gewählte, teils ernannte Coloured Persons Representative Council (CRC).

Am meisten beschäftigten sich aber die regierenden Nationalisten mit dem Status und der Zukunft der schwarzen Bevölkerung. Unter Malan und seinen Nachfolgern – J.G. Strydom (1954-1958), vor allem aber Hendrik Verwoerd (1958-1966) – führte man die Politik der erzwungenen Segregation zur letzten Konsequenz.

Gemeint war, daß die Schwarzen über ihre traditionell eigenen Gebiete verfügten, und sie dort ihren legitimen Anspruch auf Staatsbürgerschaft und Wahlrecht geltend machen konnten. Auf recht bescheidene Weise führte die Black Authorities Act 1951 den langen, umständlichen Vorgang der getrennten schwarzen Staaten ein, die sich in ihrer gesetzlich extremsten Form 1959 in der Promotions of Black Self-Government Act zeigte. Somit wurde die Gründung der "Homelands", die man später Nationalstaaten nannte, für die Hauptgruppen der schwarzen Bevölkerung des Landes ermöglicht. In vorgeschriebenen Etappen sollten die hier eingesetzten Behörden endgültig den Schritt zur vollkommenen Unabhängigkeit vollziehen.

DIE REPUBLIK

Es ist bedeutsam, daß sich D.F. Malan vor seinem Amtsantritt für Indiens republikanische Verfassung innerhalb des Commonwealth einsetzte. Die Nationalisten strebten ebenfalls nach dieser Freiheit, denn die lästigen Bande, die sie durch Union und Dominion noch immer an das Empire ketteten, störten sie. Hendrik Verwoerd schnitt dieses Thema Anfang 1960 öffentlich an. (Die Ansprache des britischen Premierministers Harold Macmillan vor beiden Häusern des Parlaments über einen "wind of change" – einen frischen Wind – bestärkte viele in der Absicht, diese Beziehungen abzubrechen.) Später im Jahr stimmte die Wählerschaft in einem Referendum für die republikanische Verfassung. (Mehrheit: 74 580 Stimmen, 1 626 336 wurden insgesamt abgegeben.)

Inzwischen brachen in einigen Teilen des Landes ernsthafte Unruhen aus, die vom Panafrikanistischen Kongreß (PAC) orchestriert worden waren und im vorherigen Jahr aus Protest gegen die zwingenden Paßgesetze (Ausweiszwang) zu sporadischen Aufständen geführt hatten. Am 21. März 1960 stand die Polizei in der Township Sharpeville bei Vereeniging einer großen Menge gegenüber, Schüsse fielen, und 69 Schwarze fanden den Tod, zahlreiche wurden verletzt. Auch in Kapstadt kam es zu Aufständen und bald darauf zu Massenkundgebungen. Man verbot den PAC sowie seinen Großen Bruder, den Afrikanischen Nationalkongreß und erklärte den Notstand.

Sharpeville erwies sich als folgenschweres Ereignis. Bevor dort Schüsse fielen, galt das Land trotz aller Kritik als Mitglied der großen Völkergemeinschaft, danach drängte man es immer stärker in die Isolation. Genau ein Jahr später flog Verwoerd nach London, um die fortgesetzte Mitgliedschaft eines republikanischen Südafrikas im Commonwealth zu erwirken. Während dieser Konferenz fielen auf beiden Seiten bittere Worte, Südafrika zog seinen Antrag zurück, und zwei Monate später kam es zur offiziellen Gründung der Republik.

Der in Holland geborene Hendrik Verwoerd, ein doktrinärer, brillanter, kompromißloser Mensch, erlag am 6. September 1966 den Messerstichen eines unzurechnungsfähigen Attentäters. Als bedeutendster Architekt der getrennten Entwicklung hatte Verwoerd ein monolithisches Gebilde geschaffen, das sich im In- und Ausland zunehmend einer äußerst scharfen Kritik ausgesetzt sah. Somit stellte er auf jeden Fall seine Nachfolger politisch und moralisch vor gewaltige Aufgaben.

DIALOG UND PROTEST

Verwoerds unmittelbarer Nachfolger B.J. Vorster vertrat eine ebenso harte, konservative Linie, doch als Pragmatiker war er sich der langfristigen, gefährlichen Konsequenzen der Isolation bewußt und sah die Notwendigkeit "normaler, freundlicher Beziehungen" zu den Afrikastaaten ein. Die Republik ist schließlich ein Afrikastaat, der mächtigste südlich der Sahara, man mußte nicht nur die wirtschaftliche Abhängigkeit einiger Länder, sondern die wechselseitige wirtschaftliche Abhängigkeit des gesamten Komplexes südafrikanischer Völker berücksichtigen. Während dieser Ära der Détente und des Dialogs brachte man immerhin eine erhebliche Annäherung oder wenigstens gegenseitigen Kontakt zustande, was zu einigen positiven Ergebnissen führte: Malawi stellte offizielle Beziehungen zu Pretoria her, die Beziehungen zu Lesotho, Botswana und Swasiland wurden gefördert, der südafrikanische Premierminister unternahm Goodwillreisen nach Malawi (1969), zur Elfenbeinküste (1974) und nach Liberia (1975). Man tauschte auch andere Höflichkeiten aus: 1975 traf Vorster sich mit Sambias Kenneth Kaunda an den Viktoriafällen zur gemeinsamen Lösung des kritischen Problems Rhodesien. (Nach dessen einseitiger Unabhängigkeitserklärung von Großbritannien im November 1965 verschärfte sich jedoch der Rassenkonflikt und hemmte die Détente). Endgültig fiel es Vorster zu, gemeinsam mit dem damaligen amerikanischen Außenminister Henry Kissinger den rhodesischen Staatsmann Ian Smith von der Notwendigkeit der Unterhandlungen zu überzeugen.

In der weiteren Umgebung konnte jedoch kaum von vollständigem Erfolg die Rede sein. Im Gegenteil, die Beziehungen zur großen Völkergemeinschaft, zu Ländern, die sich außerhalb des unmittelbaren Einflußbereichs befanden, verschlechterten sich noch. Die Vereinten Nationen äußerten lautstark ihre Mißbilligung über interne Angelegenheiten der Republik. Während der Carterregierung appellierte Andrew Young an das Gewissen besorgter liberaler Amerikaner, und der vom militärischen Standpunkt aus erfolgreiche, doch diplomatisch verheerende Einmarsch in Angola (hier traf Washington ebenso die Schuld wie Pretoria), stellte das Land, seine "destabilisierende" Politik sowie die hartnäckige Frage der Unabhängigkeit Namibias in das internationale Rampenlicht.

Im Lande selbst herrschte auch keine Ruhe. Im Juni 1976 brachen in der wildwuchernden Township Soweto bei Johannesburg Unruhen aus, die bald auch auf andere Gebiete übergriffen und in unterschiedlichem Maße weitere acht Monate fortwüteten. Eine daraufhin angestellte Untersuchungskommission stellte als unmittelbare Ursache fest, daß man sich u.a. gegen den Gebrauch des Afrikaansen als Unterrichtssprache der schwarzen Oberschulen wehrte. Andere wesentliche Gründe waren die allgemeine Diskriminierung, fehlende Staatsbürgerschaft, Beschränkungen bezüglich des Besitzerrechts und mangelnde öffentliche Einrichtungen. Der Aufruhr entstand jedoch nicht spontan, sondern war zur Untergrabung der bestehenden Gesellschaftsordnung von zahlreichen Gruppen, die das politische Bewußtsein der Schwarzen fördern wollten, in anhaltender, organisierter Kampagne eingefädelt worden. Im Oktober 1977 verbot die Regierung 17 dieser Organisationen und schränkte die Freiheit ihrer Führung ein (*siehe* Seite 34).

OPPOSITIONSGRUPPEN

Die Entstehung der Gruppen, die in Südafrika die außerparlamentarische Opposition vertreten – wenn man die vereinzelten Stimmen südafrikanischer Intellektueller des späten neunzehnten Jahrhunderts wie Tiyo Soga und John Tengo Jabavu außer acht läßt – gehen wahrscheinlich auf die Jahre der Ernüchterung nach dem Burenkrieg zurück. So trat die englische "von Rassendiskriminierung freie Gerechtigkeit", auf die man gehofft hatte, als die zwei nördlichen Gebiete abermals zur Kolonie wurden, einfach nicht ein. In den vier britischen Kolonien bildeten sich jetzt eine Reihe kongreßartiger, schwarzer Vereinigungen (die Vigilante Association in Ostkapland und in der Transkei, der SA Native Congress im westlichen Kapland, der Natal Native Congress und der Transvaal Congress), die nichts erreichten, obwohl sie sich oft genug zu Wort meldeten.

Die schwarze Bevölkerung hatte ebenfalls keinerlei Einfluß auf die Beratungen, die 1910 zur Gründung der Südafrikanischen Union führten. Obwohl man bei den für die Aufsetzung der Verfassung verantwortlichen Engländern unermüdlich vorstellig wurde, fand die endgültige Gestaltung der Zukunft Südafrikas ohne Rücksprache mit den Schwarzen statt. Ein Rechtsanwalt aus Durban, Dr. Pixley Seme, stand als treibende Kraft hinter der Gründung des South African Native National Congress im Jahre 1912, einer Organisation, die später (1925) zum Afrikanischen Nationalkongreß wurde.

Fast zur gleichen Zeit setzte sich ein begabter Anwalt erfolgreich für die Bürgerrechte der in Südafrika lebenden Asiaten ein. Mohandas K. Gandhi war 1893 in Durban angekommen, um eine Sache vor Gericht zu vertreten, zwei Jahre später gründete er den Natal Indian Congress, und nach zwei Jahrzehnten der politischen Auseinandersetzungen (zweimal wurde er inhaftiert) kam es endlich zwischen ihm und General Smuts zum Vergleich.

In diesen Jahren entwickelte Gandhi seine politische Philosophie und Methode *Satyagraha*, die gewöhnlich mit "passiver Widerstand" übersetzt wird, eigentlich jedoch "sich an die Wahrheit halten" bedeutet. 1914 kehrte er nach Indien zurück.

Die geschichtliche Entwicklung schwarzer Oppositionsgruppen ist äußerst kompliziert, das zeigt sich besonders am Afrikanischen Nationalkongreß. Professor T. Kasis formulierte die Verhältnisse am prägnantesten: "Nacheinander hielt der ANC zuerst an liberalen Erwartungen fest, wurde dann militanter, versuchte sich im passiven Widerstand, begab sich auf den Weg der antirassistischen Volksfront, wurde vom ungeduldigen schwarzen Nationalismus eingeholt und war nun eine Untergrundbewegung".

1952 beendete der Criminal Law Amendment Bill jäh die Phase des passiven Widerstands. Zu diesem Zeitpunkt war Häuptling Albert Luthuli, ein aristokratischer Zulu und Geistlicher, der Vorsitzende des ANC. Obwohl man offiziell seine Freiheit einschränkte ("banned"), wurden seine moralischen Führungsqualitäten – er befürwortete allgemeines Wahlrecht, lehnte aber Gewalt ab – von der Mehrzahl der Mitglieder des ANC weiterhin anerkannt. Luthuli erhielt 1961 den Friedensnobelpreis.

Nach 1952 bestand der ANC zeitweise als lockere, antirassistische Konföderation und nannte sich Congress Alliance, deren ideologische Plattform die 1955 anläßlich einer Kundgebung in Kliptown angenommene und unterzeichnete Freedom Charter war. Zu den Unterzeichnern gehörten nicht nur die SA Coloured People's Organisation, verschiedene indische Kongresse, sondern auch der weiße Congress of Democrats.

Der Schlüssel zum Verständnis der verwickelten politischen Verhältnisse im modernen Südafrika ist die Freiheits-Charter (Freedom Charter). Die Signatare und ihre ideologischen Erben vertraten eine nichtrassistische Lösung der Probleme des Landes. Jenseits einer unüberbrückbaren Kluft standen aber diejenigen, deren Ablehnung der Charter auf dem Streben nach einer allein von Schwarzen herbeigeführten, marxistisch-sozialistischen Lösung beruhte. Hier sind einige der Gründe für die von Schwarzen gegen Schwarze gerichteten Gewalttätigkeiten in der Mitte der achziger Jahre sowie für die Einstellung der Radikalen unter der neuen demokratischen Verwaltung zu suchen.

Die militanten, hauptsächlich jüngeren Mitglieder des ANC, die der Idee "nur für Schwarze" anhingen, trennten sich 1959 von der Mutterorganisation, um den Panafrikanistischen Kongreß zu gründen. Durch die Ereignisse bei Sharpeville rückte diese Rivalität in den Brennpunkt: jede Organisation agitierte heftig gegen die Paßgesetze und forderte die schwarzen Bewohner der Townships auf, ihren Ausweis (Paß) zu Hause zu lassen, die Inhaftierung herauszufordern und das gesamte Sicherheitsnetz zu überlasten. Am 28. März 1960 wurden ANC und PAC infolge der Unlawful Organisations Act verboten, sie tauchten unter, viele Mitglieder gingen jetzt ins Exil. Der kriegerische Flügel des ANC, *Umkonto we Sizwe* ("Speer der Nation") hatte aber "harte" Angriffsziele, beispielsweise Militäranlagen und das Verkehrsnetz. Menschenleben sollten möglichst nicht gefährdet werden. Das Pendant des PAC, Poqo, verhielt sich dagegen wesentlich mordlustiger.

Bis in die Mitte der 1960er Jahre führte man die Sabotagekampagne verschärft weiter. Einige Mitglieder wurden inhaftiert, manche Führer, wie z.B. Oliver Tambo, gingen ins Exil. Wieder teilte sich der ANC, jetzt spalteten sich die radikalen kommunistischen Elemente ab, und überließen Tambo und seinen Nationalisten die Führung. Lange hielt die Säuberung der Organisation von diesen kommunistischen Einflüssen jedoch nicht vor. Zu den einflußreichsten Persönlichkeiten, die später in der Machtstruktur des ANC eine Rolle spielten, gehörte zum Beispiel Joe Slovo, ein weißes Mitglied der 1950 verbotenen Südafrikanischen Kommunistischen Partei, dem schließlich in Mandelas neuer Regierung das Ressort Wohnraumbeschaffung zugeteilt wurde.

Überhaupt bekleideten eingetragene Mitglieder der Partei zahlreiche Schlüsselstellungen in der neuen demokratischen Verwaltung, obwohl der Kommunismus zu Beginn der neunziger Jahre mit seiner zweifelhaften Ideologie und den vielen Kompromissen, die seine Anhänger selbst in bezug auf Grundprinzipien eingehen mußten, bereits als ausgedient galt.

Andere Mitglieder wie Mandela, der Vorsitzende des ANC, gingen jedoch nicht ins Exil. Beim Rivonia-Prozeß (1964) standen er und andere Angehörige dieser Organisation, wie Walter Sisulu und Dennis Goldberg, infolge der General Law Amendment Act ("Sabotage-Gesetz") und der Suppression of Communism Act (Unterdrückung des Kommunismus) unter Anklage und wurden zu einer lebenslänglichenFreiheitsstrafe verurteilt.

Ende der 1960er Jahre, doch besonders nach 1970 überstürzten sich die Ereignisse. Gruppen, die schwarzes politisches Bewußtstein förderten ("Black consciousness"), bildeten sich vor allem unter der jüngeren Generation heraus. 1977 verbot man insgesamt 17 Organisationen und verhaftete deren Führer – auch Steve Biko, der unter äußerst umstrittenen Umständen in Polizeigewahrsam starb.

In den 1880er Jahren bestand weiterhin das Verbot des ANC, dessen Titularvorsitzender Nelson Mandela auf Robben Island (Robbeninsel) und in anderen Gefängnissen schmachtete, während eine sich ständig verschärfende Polarisierung in der südafrikanischen Politik bemerkbar machte.

Verhandlungen zwischen der gewählten Regierung und der entfremdeten, außerparlamentarischen Opposition schienen jetzt völlig ausgeschlossen zu sein, Spannungen und gesetzwidriges Verhalten nahmen zu. Nach ihren Merkmalen umreißt man die in der Mitte des Jahrzehnts auf die Spitze getriebene Gewalttätigkeit folgendermaßen:

Zum einen alle gegen die herrschende Gewalt, deren Sympathisanten und Eigentum gerichteten, anhaltenden Massenunruhen, die danach trachteten, "das Land unregierbar zu machen". Zum anderen die fortgesetzte Sabotage- und Terrorkampagne des ANC, dessen Tätigkeiten jedoch im März des Jahres1984 durch das Nkomati-Abkommen zwischen Südafrika und Moçambique eingeschränkt wurden. Auf Gegenseitigkeit beruhten ebenfalls die mit den Regierungen Swasilands, Lesothos und Botswanas getroffenen Vereinbarungen, während gemeinsame Interessen mit Simbabwe zu weiteren Abkommen führten.

1985 trat die Notstandverfassung in Kraft, die sich über 36 der 260 südafrikanischen Magistratsbezirke erstreckte, und kurz darauf verlängert, im März 1986 aufgehoben und wenige Wochen später abermals rechtgültig wurde. Die so erweiterten Gesetzgebungskompetenzen gestatteten dem Justizminister (Law and Order) und dem Polizeipräsidenten durch Inhaftierung, Verbote und Verordnungen den Frieden zu wahren. Der unmittelbare Erfolg dieser Maßnahmen ließ sich nicht verleugnen – Aufruhr und Gewalttätigkeit gingen zwar entschieden zurück, doch mußte das Land durch internationalen Verruf, druch den Vertrauensverlust ausländischer Kapitalanleger, vor allem aber durch die Hemmung des politischen Fortschritts teuer für diesen Notstand bezahlen.

P.W. BOTHA UND DIE REFORMMAẞNAHMEN

1978 feierte die Nationale Partei ihre dreißig Jahre an der Macht – drei Jahrzehnte hatte man sich unermüdlich für die Rassentrennung eingesetzt, während Südafrika gleichzeitig unaufhaltsam zum Industriestaat aufgestiegen war.

Das Jahr sollte jedoch den Beginn eines neuen Zeitalters anzeigen. Im September trat B.J. Vorster zurück, um das Amt des Staatspräsidenten freizugeben, worauf der ehemalige Verteidigungsminister P.W. Botha die Leitung der Staatsgeschäfte übernahm.

Diese Änderungen fanden mitten im sogenannten Informationsskandal statt. Nachforschungen der Presse, der Polizei und schließlich der Erasmus-Untersuchungskommission ergaben, daß sich Beamte des Informationsministeriums der Unterschlagung schuldig gemacht hatten, und der damalige Premierminister des Landes über diese Unvorschriftsmäßigkeiten im Bilde war. Vorster trat zurück. Da der einstige Informationsminister Dr. Connie Mulder auch in die Angelegenheit verwickelt war, legte er sein Amt als Abgeordneter nieder.

Der neue Premierminister schaffte von Anfang an unmißverständliche Klarheit über seine geplanten Neuerungen. Der Informationsskandal beeinträchtigte seine Initiative fast ein ganzes Jahr lang, doch im August 1979 legte Botha seinen aus 12 Punkten bestehenden Plan, seine "totale Strategie" für eine neue Verfassung, dem Parteikongreß der Nationalen Partei in Natal vor. Der Plan befaßte sich u.a. mit der Dezentralisierung, der Anerkennung der Bürgerrechte ethnischer Gruppen, der Konsolidierung der Nationalstaaten, der Erschaffung einer "Konstellation südafrikanischer Staaten", der Abschaffung aller "unnötigen Diskriminierung", doch vor allem mit der neuen Verfassung (*siehe* unten).

Am entscheidendsten war die Arbeitsbewertung von den Reformen betroffen. Zwei Untersuchungsausschüsse unter Wiehahn und Riekert empfahlen gemeinsam den sinnvollsten Einsatz aller Arbeitskräfte und die Abschaffung der diskriminierenden Gesetze. Die Regierung nahm den größten Teil dieser Vorschläge an.

Die Reservierung bestimmter Arbeitsplätze ließ sich in Anbetracht der Marktforderungen schon lange nicht mehr vertreten. Mit Hilfe des privaten Sektors sollten Schwarzsüdafrikaner jetzt durch eine gezielte Ausbildung, durch Integration und den Versuch, einheitliche Lohntarife durchzusetzen, in das Wirtschaftssystem eingegliedert werden. Solidarische Selbshilfe schuf die Voraussetzungen, diese Entwicklung zu beschleunigen, und die nun vollkommen anerkannten schwarzen Gewerkschaften konnten an der Besserung der Lage entscheidend beteiligt werden. Vorzüglich und schnell aufgebaute Gewerkschaften verliehen dem Arbeiter also fast über Nacht entscheidende wirtschaftliche, doch auch potentiell politische Macht.

Auch andere Neuerungen erleichterten das Los der verstädterten Schwarzen. Obwohl sie genau genommen Staatsbürger eines der Nationalstaaten waren, konnten sie jetzt durch langfristige Pachtverträge (99 Jahre) sowie den Erwerb von Eigentumswohnungen seßhaft werden. Vor allem aber schaffte man 1986 endlich die Zustromkontrolle und die "Paßgesetze" ab und führte neue, geeignetere Personalausweise für alle Südafrikaner ein.

In bezug auf die Verfassung verlangte Bothas Strategie jedoch notwendigerweise den größten Einsatz. Die Abschaffung des Senats (1980) bedeutete auch für das Westminstersystem in Südafrika das Ende. An seine Stelle trat der aus 60 nominierten, "farbigen", indischen und weißen Mitgliedern bestehende Präsidentsrat, der sich mit Entwürfen zu einer neuen Verfassung beschäftigen sollte. Im Mai 1982 lag der Pauschalentwurf vor.

Die angenommenen Empfehlungen sahen einen Präsidenten der Exekutive vor, ein Dreikammersystem (weiß, asiatisch,"farbig", d.h. Mischlinge) ein Kabinett (ohne alle Rassendiskriminierung), einen neu eingerichteten Präsidentsrat und andere Reformen im Bereich der Lokal- und Regionalverwaltung, die den politischen Erwartungen der Schwarzen entgegenkommen sollten.

Premierminister Botha gab bekannt, daß man die allgemeine Reaktion auf diese Reformen am 2. November 1983 im Rahmen eines Referendums ermitteln würde.

Zu denjenigen, die sich für diese Vorschläge aussprachen, zählten die "offiziellen" indischen Organisationen sowie die Arbeiterpartei, die lange als Stimme der Mischlinge und Gegner der bestehenden Regierung gegolten hatte. Durch ihre Billigung der Reformen verloren diese Organisationen jegliche Glaubwürdigkeit und bisherige Unterstützung. Gegen das neue System äußerten sich die Linken – d.h. die Progressive Federal Party (Progressive Bundespartei) unter Dr. F. van Zyl Slabbert – und die Rechten, vor allem die Konservative Partei, deren Vorsitzender Dr. Andries Treurnicht 1982 sein Amt als Minister niedergelegt und mit zwei anderen, ehemaligen Ministern, Connie Mulder und Ferdinand Hartzenberg, die Partei gegründet hatte, um der gefährlichen "Verschiebung nach links" Einhalt zu gebieten. Sechzehn Abgeordnete der politischen Rechten schlossen sich ebenfalls dieser neuen Organisation an, deren Anhänger vorwiegend im Norden des Landes lebten. Andere starke, jedoch nicht wahlberechtigte Stimmen verhielten sich auch ablehnend, wie KwaZulus Häuptling Buthelezi, alle Befreiungsbewegungen und die United Democratic Front (Vereinigte Demokratische Front). Endgültig gab dann 60 Prozent der weißen Wählerschaft ihre Zustimmung zur Verfassungsänderung. Der entscheidende Sieg für P.W. Botha gehörte obendrein zu den wenigen Gelegenheiten, wo sich die englisch- und afrikaanssprachigen Südafrikaner einig waren.

Die Reformbestrebungen setzte man bereits während der ersten Sitzungsperiode in die Tat um. Besonders erwähnenswert war die Abschaffung der Mixed Marriages Act (Verbot der Mischehe) und des Absatzes 16 der Immorality Act (Verbot sexueller Beziehungen zwischen den Rassen). Von größter Bedeutung war jedoch, daß die Angehörigen verschiedener Rassen erstmals verhandelten und gemeinsam Gesetze erließen.

Gleichzeitig fand eine plötzliche, ernsthafte Wirtschaftskrise statt, die ursprünglich von ungünstigen Bedingungen des Rohstoffmarkts, dem fallenden Goldpreis und übermäßigen Staatskosten eingeleitet wurde, sich aber darauf durch Unruhen, Inflation, das mangelnde Vertrauen von Bankhäusern und Kapitalanlegern sowie den fallenden Wechselkurs des Rands verschlimmerte.

Es war ironisch, vielleicht sogar verständlich, daß die schwarzafrikanische Opposition und bedeutende Fraktionen der Völkergemeinschaft ausgerechnet zu diesem Zeitpunkt ihren Druck auf die südafrikanische Regierung verstärkten. Die Debatte über das Einfrieren von Investitionen, Sanktionen, die Isolation im Sport, Aufruhr in den Townships und den Notstand machten immer wieder Schlagzeilen. Im Laufe der Monate mußte sich die Regierung der Notwendigkeit unterordnen, daß die Reformen momentan untergeordnete Priorität besaßen, da der Versuch, die außerparlamentarischen Opposition etwas in die Verhandlungen einzubinden, von größter Wichtigkeit war. So mußte Ende 1986 der politische Fortschritt abermals dem Staatsschutz den Vorrang einräumte.

ANZEICHEN SPRECHEN FÜR EINE NEUE ZEIT

Die Aussichten standen jedoch nicht nur unter einem ungünstigen Stern. Obwohl die kompromißlosen Konservativen 1987 in den Wahlen 22 – und um Haaresbreite ein Dutzend mehr – Sitze eroberten, hatte sich die Existenz progressiver, einflußreicher Elemente innerhalb der regierenden Nationalen Partei gezeigt. Die links von der politischen Mitte stehenden unabhängigen Kandidaten behaupteten sich ebenfalls erstaunlich gut gegen ihre NP-Opponenten, ein weiteres Anzeichen für die Reformbereitschaft weißer Südafrikaner.

1988 machten sich Anzeichen einer offneren Entspannungspolitik bezüglich des Subkontinents bemerkbar. Unter dem vereinten Druck der USA und der Sowjetunion trafen sich die in der Auseinandersetzung zwischen Angola und Namibia betroffenen Parteien in Brazzaville (Kongo), Kairo und an anderen Verhandlungsorten, um den Rückzug der kubanischen Truppen, die Autonomie Namibias und die Beendigung des Bürgerkriegs in Angola zu besprechen. Nach der Unterzeichnung des Brazzaville-Protokolls im November 1988 und dessen Bestätigung in New York einen Monat später, bestimmte man den April 1989 zum Termin, an dem die Unabhängigkeit Namibias formell in die Wege geleitet werden sollte. Im März 1990 wurde Namibia zum unabhängigen Staat und nahm seinen Platz in der Völkergemeinschaft ein.

Inzwischen kam es zu Verhandlungen mit führenden Regierungsbeamten Moçambiques, und in den darauffolgenden Monaten verbesserten sich auch die Beziehungen zwischen Südafrika und Angola erheblich, so daß seit zehn Jahren erstmals berechtigte Hoffnung auf das Ende der Bürgerkriege bestand, die in den ehemaligen portugiesischen Gebieten gewütet und das politische Klima zwischen den betroffenen Ländern getrübt hatten.

DAS GEBÄUDE BEGINNT ZU WANKEN. Die zwei Jahrzehnte, die dem Attentat auf Premierminister H.F.Verwoerd (**1**) folgten, standen unter dem Stern des im In- und Ausland zunehmenden Widerstands gegen die politischen und sozialen Strukturen Südafrikas. Verwoerd folgte der eiserne, aber pragmatische B.J. Vorster, der wiederum unter umstrittenen Umständen P.W. Botha das Amt überließ. Dieser Nationalist alten Stils mußte trotzdem auf die Realitäten Afrikas eingehen und Zugeständnisse machen. Seine angeblichen Verfassungsreformen spalteten nicht nur seine Partei, sondern das ganze Land und verschafften der Freiheitsbewegung genügend Anlaß zur Kritik, bis die Reform durch ihr Versagen zu neuen Ansätzen führte. 1976 trat der Wendepunkt ein: am 16. Juni gingen die Schüler Sowetos auf die Straße und verübten an Raserei grenzende Gewalttaten (**6**), die sich gegen die Ungerechtigkeiten im Bil-

2

1

3

4

5

6

9

7

8

dungswesen richteten, obwohl die wahren Gründe tiefer lagen und auf dem Apartheidssystem beruhten. Zu den vielen Verstößen gegen die Rechte und Freiheiten der Unterdrückten zählte die Rassentrennung in öffentlichen Einrichtungen, u.a. auf öffentlichen Verkehrsmitteln (**2**) und die Einschränkung der Bewegungsfreiheit durch Paßzwang (**4**). Als er die Gefahr der internationalen Isolation erkannte, sprach Vorster (**3**), der hier von seinem weißen Kabinett umgeben ist, von Détente. Größerer Erfolg war seinem "Blick nach draußen" beschieden, unter anderem seinen Bemühungen, Ian Smith (**5**), den rebellischen Premierminister Rhodesiens, an den grünen Tisch zu bringen.

In Neuseeland (**7**) führten Massenkundgebungen gegen die Apartheid 1981 fast zur Unterbrechung des Besuchs der südafrikanischen Rugby-Nationalmannschaft. Viel ernster waren die jetzt immer weiter um sich greifenden wirtschaftlichen Sanktionen. In den 80er Jahren gab P.W. Botha die Neuerungen seines Dreikammerparlaments (**8**) bekannt, das südafrikanischen Asiaten und Farbigen einige Rechte und Freiheiten einräumte, den Schwarzen jedoch immer noch jegliches Mitbestimmungsrecht versagte. Die schwarzafrikanische Mehrheit sollte in ihren eigenen, historischen Homelands und als "Nation", die auf Stammesverbänden beruhte, dort unabhängig regieren. Man gründete zehn dieser Homelands, von denen vier als völlig unabhängig erklärt wurden.

In der Mitte der achtziger Jahre kam es zum abermaligen Aufruhr in den Townships (**9**), worauf die außerparlamentarische Opposition unterdrückt und der Notstand ausgerufen wurde. Die Regierung sah sich jedoch immer mehr in die Ecke getrieben, und bis demokratisches Denken den Sieg davontrug, war bloß eine Frage der Zeit.

Diese Ereignisse entsprachen der damaligen Stimmung. Der "frische Wind" machte sich nun weltweit bemerkbar und fegte Wertsysteme, Prioritäten und Voraussetzungen der alten internationalen Ordnung hinweg. Das russische Weltreich verfiel und mit ihm die autoritären Regierungen Osteuropas, der Landhunger konkurrierender Großmächte geriet in den Hintergrund. Gegen diese Tendenzen konnte sich Südafrika selbstverständlich nicht abschirmen.

DER DURCHBRUCH

Im Januar 1989 erlitt Präsident P.W. Botha einen leichten Schlaganfall und mußte wenige Wochen später zugunsten des starken Mannes aus Transvaal, F.W. de Klerk, auf die Führung der Nationalen Partei verzichten. Damals galt de Klerk innerhalb der regierenden Hierarchie im allgemeinen als einer der konservativeren Politiker.

Später, nach einem bitteren und recht unziemlichen Nachhutgefecht mit den rangältesten Ministern – die sich inzwischen darauf geeinigt hatten, daß die antikommunistische "totale Strategie" der Regierung überholt, das Zeitalter der "Sekurokraten" vorüber, Apartheid ein Anachronismus und die Zeit für eine gänzlich neue Ordnung in Südafrika angebrochen sei – trat Botha auch als Staatspräsident ab. Jetzt setzten rasche, grundlegende, dramatische und tiefgreifende Neuerungen ein.

Die Parlamentswahlen gegen Ende des Jahres 1989 bestätigten die Polarisierung der weißen Wählerschaft. Es lag nicht nur an der Rechten, daß die Nationalisten an Boden verloren. Auch die sich ständig mehrenden Realisten waren von einer Politik ernüchtert, die ihrer Meinung nach nur zur landesweiten Anarchie führen konnte. Zeit und Umstände begünstigten aber die gemäßigte Linie: man mußte dem allgemeinen Druck nachgeben, den inzwischen berühmtesten politischen Häftling der Welt und Führer des ANC, Nelson Mandela, freizulassen und sich mit der schwarzen Mehrheit auszusöhnen.

In der Eröffnungsrede der neuen Sitzungsperiode im Februar 1990 gab Präsident de Klerk die Aufhebung des Verbots für den Afrikanischen Nationalkongreß, den Panafrikanistischen Kongreß, die Südafrikanische Kommunistische Partei und eine Reihe anderer Organisationen sowie die Freilassung politischer Gefangener bekannt. Zwei Wochen später wurde Nelson Mandela nach siebenundzwanzigjähriger Haft (anfänglich auf "Robben Island", später dann unter wesentlich erleichterten Bedingungen auf dem Gelände des Victor-Verster-Gefängnisses in Paarl) in die Freiheit entlassen.

Jahrzehnte der weißen politischen Vorherrschaft waren jetzt endlich vorbei – so wurde das neue Südafrika, dessen endgültige Gestalt vorläufig noch verschwommen wirkt, geboren.

DIE ERSTEN SCHRITTE

Der Weg zur politischen Einigung und einer rechtsstaatlichen Demokratie in Südafrika war lang, schwierig und riskant. Schon die Ereignisse des Jahres 1990, des ersten Jahres der neuen Ära, bestimmten dabei das Schema.

Nach seinem Amtsantritt galt eine der ersten Maßnahmen Präsident de Klerks der Abschaffung der von Botha ins Leben gerufenen Nationalen Staatsschutzverwaltung, einer finsteren Organisation, die erfolgreich viele Kompetenzen des Staates an sich gerissen hatte. Für die "Sekurokraten", die kompromißlosen, weißen Konservativen, war das eine Niederlage, denn viele von ihnen zählten vermutlich zu den mittleren und höheren Rängen der Polizei und des Militärs und waren fest entschlossen, eine Einigung mit allen berechtigten, doch besonders mit niederträchtigen Mitteln zu sabotieren.

Diese heimliche Kampagne wurde angeblich hauptsächlich in den Reihen einer als CCB bezeichneten Organisation ausgetragen. Dieses sogenannte Civil Co-operation Bureau (Bürgerliches Zusammenarbeitsbüro), ein Mordkommando, hatte es auf politische Aktivisten und Menschenrechtler abgesehen und soll unter anderem den Akademiker David Webster und den liberalen, namibischen Rechtsanwalt Anton Lubowski umgebracht haben.

Der im Januar 1990 gebildete Harms-Untersuchungsausschuß wurde zwar von der Bürokratie blockiert und mußte hochstehende Beamte des Militärs und der Regierung (wie den Verteidigungsminister Magnus Malan) von jeglicher Schuld freisprechen, obwohl der Ausschuß den starken Verdacht äußerte, daß das CCB "in mehr Gewaltverbrechen verwickelt war, als aus dem Beweismaterial hervorgeht".

Am 13. September 1990 wurden auf der Strecke Johannesburg-Soweto während des ersten der zahlreichen und sinnlosen "Zugmassaker" 26 Menschen erschossen oder zu Tode gehackt und über 100 verletzt. Reaktionäre Gewalttätigkeiten einer undefinierten, angeblichen "Dritten Macht" und anderer, linker und rechter Interessenverbände, die sich aus unterschiedlichen Gründen für das Chaos einsetzten, sollten den Einigungsprozeß vier lange Jahre beeinträchtigen.

Trotzdem waren erfreuliche Fortschritte zu bemerken. Im Juni 1990 schaffte man die verhaßte Separate Amenities Act (getrennte öffentliche Einrichtungen) ab, und innerhalb eines Jahres strich man alle Apartheidsgesetze – Eckpfeiler dieser Gesetzgebung waren die Akte des Bevölkerungsregisters nach Rassen und des daraus resultierenden Wohnrechtes sowie Gesetze, die 85% der Gesamtfläche des Landes für Weiße reservierten, – aus dem Gesetzbuch. Auch auf internationaler Ebene ereignete sich viel. Im September reiste de Klerk in die USA, und er war nach 44 Jahren der erste südafrikanische Regierungschef, der diesem Land einen Staatsbesuch abstattete.

De Klerk bemühte sich, die Amerikaner zu bewegen, die Sanktionen aufzuheben, sobald seine Reformpolitik als "unwiderruflich" gelten würde. Im Dezember setzte die Europäische Gemeinschaft eine Normalisierung der Verhältnisse mit der Abschaffung des freiwilligen Verbots auf Neuinvestitionen in Gang.

Der ANC stellte den bewaffneten Widerstand ein, und am 13. Dezember kehrte ihr Vorsitzender Oliver Tambo nach dreißigjährigem Exil endlich in seine Heimat zurück, während auch ca. 2 000 anderen Exilanten Straffreiheit zugesichert wurde.

BESCHWERLICHER FORTSCHRITT

Vorläufige Besprechungen zwischen der Regierung, dem ANC und anderen Organisationen, die 1990 begonnen hatten, wurden im darauffolgenden Jahr fortgesetzt. Die Vorsitzenden von 19 Gruppen taten sich zur Gründung der Konvention für ein demokratisches Südafrika (Codesa) zusammen und unterschrieben eine entscheidende Erklärung, in der sie ihre Absicht kundtaten, nach dem "Konsensprinzip" (eigentlich: Mehrheitsentscheidung innerhalb der Codesa) eine für das Zeitalter nach der Apartheid gültige Verfassung aufzusetzen. Man war sich über Codesas gesetzgebende Kompetenz einig, und obwohl das nun veraltete Dreikammerparlament auch weiterhin von seinem Veto Gebrauch machen konnte, verpflichtete sich die Nationale Partei als regierende Mehrheitspartei, die Verabschiedung der Gesetze zu beschleunigen. Bei diesem Forum fehlten allerdings – auf jeden Fall zu Beginn der Verhandlungen – der Panafrikanistische Kongreß (der sich weiterhin revolutionär verhielt) und die Inkatha-Freiheitspartei des Zuluhäuptlings Buthelezi.

Es handelte sich um komplizierte Fragen, und teilweise hatte man Schwierigkeiten, Lösungen zu finden. De Klerk hatte von Anfang an gegen das Mehrheitsprinzip eine Politik der geteilten Machtausübung vertreten, bei der "die Vorherrschaft einer Gruppe über eine andere" (eine euphemistische Umschreibung für das Festhalten am weißen Minderheitenrecht) überwacht werden konnte. De Klerk befürwortete auch den Föderalismus, also die Stärkung der Einzelstaaten auf Kosten des Gesamtstaats. Der ANC und seine Partner verfochten hingegen den Einheitsstaat und das Recht des Wahlsiegers, die alleinige Regierungsgewalt zu beanspruchen.

Beide Seiten konnten Trümpfe ausspielen. Für die Regierung war es möglich, den gesamten Vorgang einfach durch Hinhaltetaktik zu verzögern und insgeheim Inkathas Streben nach ethnischer Unabhängigkeit zu unterstützen. Der ANC, der jetzt unbedingt positive Resultate brauchte (die einfachen Parteimitglieder und die Einwohner der Townships wurden immer aufsässiger), konnte sich bei seinen Forderungen auf die allgemeine Unterstützung des Volkes sowie weitgehende Massenaktion verlassen und war bereit, mit internationalen Sanktionen aufzutrumpfen.

Letztendlich hob der Kongreß der Vereinigten Staaten, der die "tiefgreifende Veränderung in Südafrika" anerkannte, im Juli 1991 die Comprehensive Anti-Apartheid Act auf. Im selben Jahr schlossen sich die südafrikanischen Leichtathleten abermals der internationalen olympischen Bewegung an, und wenn ihnen auch im darauffolgenden Jahr in Barcelona nur bescheidener Erfolg beschieden war, galt es doch als Anzeichen, daß sie aus der Wüste zurückgekehrt waren.

HÖHEN UND TIEFEN

Die Hoffnung auf den politischen Durchbruch bestärkte am 17. März 1992 ein Referendum unter der weißen Wählerschaft. Die Wähler wurden befragt, ob sie "eine Fortsetzung der vom Staatspräsidenten am 2. Februar begonnenen Reformen (unterstützten), die auf eine durch Verhandlungen gebildete, neue Verfassung abzielten", und erstaunliche 68,6% der Stimmen sprachen sich dafür aus. "Heute", sagte de Klerk, "haben wir das Kapitel Apartheid geschlossen."

Plötzlich verschlechterte sich jedoch die Situation. Der an Codesa beteiligten Regierungsdelegation war der Erfolg des Referendums und ihre vermeintliche moralische Überlegenheit zu Kopf gestiegen, sie wirkte allzu erfolgssicher, sogar arrogant, und überspannte den Bogen derart, daß die Verhandlungen abgebrochen wurden. Andere Rückschläge gab es mit depremierender Regelmäßigkeit, wie:

- Das Massaker von 45 Unschuldigen im Juni 1992 in der Township Boipatong(Transvaal). Obwohl es nie bewiesen werden konnte, nimmt man allgemein an, daß es sich bei dieser Tragödie um das Werk der "Dritten Macht" handelte.

Das von der angesehenen Goldstone-Kommission gesammelte Beweismaterial sprach für eine großangelegte Kampagne, bei der hochstehende Offiziere "schmutzige Geschäfte" gefördert haben sollen. Eine Kommission der Menschenrechte schätzte die 1992 bei politischer Gewalttätigkeit umgekommenen Opfer auf 3 499.

- Die Auseinandersetzung zwischen Demonstranten des ANC und Truppen der Ciskei im September 1992. Von den Demonstranten wurden dreißig erschossen, über 200 verletzt, die Fortsetzung der Verhandlungen war gefährdet. Mandela und de Klerk griffen jedoch schnell ein, um die Krise zu entschärfen, indem sie ein "Protokoll des Einverständnisses" unterzeichneten, das die Parteien nicht nur zur Bildung einer nichtrassistischen Übergangsregierung, sondern auch zu der anschließenden demokratischen Wahl einer konstituierenden Nationalversammlung verpflichtete.
- Das Attentat, das Alleingänger der politischen Rechten am 10. April 1993 auf Chris Hani verübten. Er war Generalsekretär der Südafrikanischen Kommunistischen Partei, Mitglied des Geheimen Rats des ANC und Held der jungen schwarzen Radikalen. Der Wille zum politischen Fortschritt siegte aber nochmals, und die Verhandlungen gingen weiter.
- Die fortdauernde Kompromißlosigkeit Häuptling Buthelezis und seiner Inkatha-Freiheitspartei. Der "Zulufaktor" erwies sich bei der Einigung bis fast zur letzten Minute als unüberwindliches Hindernis.
- Ähnlich verhielt es sich mit der Verzögerungstaktik der weißen Konservativen, die auf ihren eigenen *Volksstaat* bestanden.

Extremisten der Rechten, wie sie etwa von der korpulenten Gestalt Eugene Terre'Blanches, des Vorsitzenden der halbmilitärischen AWB versinnbildlicht werden, drohten mit Bürgerkrieg. Die gemäßigteren Stimmen hingegen machten zusammen mit den Regierungen der Ciskei und von KwaZulu ihren Einfluß in einer losen Verbindung, nämlich der Gruppe Besorgter Südafrikaner (Cosag), der späteren Freiheitsallianz, geltend.

DAS LETZTE STÜCK DES WEGES

Im Dezember 1993 wurde das Parlament effektiv vom Übergangsrat aller Parteien (TEC) abgelöst, der infolge ernster, zwei Jahre währender Verhandlungen entstand. Einer Vereinbarung gemäß, die Codesas Nachfolger im Juni ausgehandelt hatten, trat er zur Aufsetzung einer Übergangsverfassung, der Wiedereingliederung der "Homelands" und zur Festlegung eines Termins zusammen, an dem allgemeine Wahlen stattfinden sollten.

Die auf den nächsten April angesetzten Wahlen beruhten auf allgemeinem Wahlrecht, und da es sich um eine Verhältniswahl handelte, waren die Wähler in Partei- und Bezirkslisten eingetragen, um eine Erststimme für die Wahl einer Landesliste (entspricht der deutschen Bundesebene) und eine Zweitstimme für eine von neun Regionen abgeben zu können.

Im September forderte Mandela zur Aufhebung aller verbliebenen, internationalen Sanktionen auf. Zwei Monate später wurden Mandela und de Klerk gemeinsame Friedensnobelpreisträger: beide hatten radikale, opponierende Positionen vertreten, jetzt respektierten sie einander, und wenn auch keine direkte Zuneigung zwischen ihnen bestand, so hatten sie doch zweifellos gemeinsam das Staatsschiff sicher in den Hafen geleitet.

Die letzten Hemmnisse, die eine Einigung verhinderten, schienen schnell und auf fast wunderbare Weise zu verschwinden. Wenige Tage vor den Wahlen entschied sich Buthelizi unvermittelt zur Kehrtwendung: er gab endlich die geforderte Verschiebung der Wahl und den Anspruch auf die größere Autonomie der Provinzen auf und beteiligte sich an der Wahl.

Nach dem langen Wahlvorgang, der mit seinem Trubel, gelegentlichem Chaos, doch in Anbetracht des vorherigen Antagonismus mit Humor getragen wurde, errang der ANC mit einer Zweidrittelmehrheit den Sieg in der neuen Nationalversammlung.

Die Mehrheit der Stimmen entschied sich auch in sechs der neun Regionen eindeutig für den ANC, in der siebten mußte er den Sieg teilen, während er in Westkapland gegen die Nationale Partei (hier gaben konservative Mischlinge den Ausschlag) und in KwaZulu gegen die Inkatha-Freiheitspartei verlor.

Anfang Mai wurde Nelson Mandela als erster Präsident des freien Rechtsstaats Südafrika eingeschworen.

SÜDAFRIKA HEUTE

Südafrika steht im Zeichen des raschen Wandels. Innerhalb von nur vier Jahren – zwischen 1990 und 1994 – erlebte das Land den gefahrvollen, manchmal schmerzhaften Übergang von der weißen Minderheitsregierung zur rechtsstaatlichen Demokratie. Somit wurden seine politischen, teilweise seine wirtschaftlichen Institutionen umgebildet, auch seine Gesellschaft befindet sich im Umbruch.

STAAT UND STAATSORGANE

Die Verfassung, die der Übergangsrat aller Parteien 1993 verabschiedete, gilt nur vorläufig, also bis die Frist der heutigen konstituierenden Nationalversammlung zur Schaffung einer endgültigen Verfassung Mitte 1996 abgelaufen ist. Ihre Befähigung zur Innovation oder radikalen Verfassungsänderung wird jedoch erheblich durch dreißig unantastbare, verankerte Grundsätze eingeschränkt.

Zur Verbindlichkeit der Übergangsverfassung gehört in erster Linie ein Staatspräsident mit Exekutivgewalt, das Zweikammerparlament der Nationalversammlung und des Senats, neun Regionalregierungen (eigentlich: gesetzgebende Versammlungen) und ein Staatsgrundgesetz. Mit anderen Worten:

■ Die Verfassung beansprucht die oberste Rechtsgültigkeit und besitzt den Vorrang vor anderen Rechtsverordnungen des Parlaments, folglich schränken einige der Klauseln die Verfügungsfreiheit des Parlaments ein, beispielsweise bezüglich des Staatsgrundgesetzes und der Macht der Provinzen.

■ Eine Verhältniswahl bestimmt die 400 Mitglieder der Nationalversammlung, d.h. die Anzahl der aus jeder Partei gewählten Abgeordneten hängt von dem Verhältnis der Stimmen zur landesweiten Gesamtstimmenzahl ab. Von den 400 Abgeordneten werden 200 nach einer Landesliste und 200 nach der Regionalliste gewählt.

Die neue Ordnung bedeutet eine radikale Abwendung vom Westminstersystem, da die Abgeordneten nicht an einen spezifischen Wahlkreis gebunden sind, diesen aber auf Ersuchen der Parteiführung vertreten können. In der Praxis steht es dem Abgeordneten auch nicht frei, eine unabhängige Stimme im Parlament abzugeben, da sein Sitz an die Partei gebunden ist, und er somit die Parteilinie einhalten muß. Besonders diese beiden Aspekte der Übergangsverfassung gaben Anlaß zur Kritik.

■ In dem aus 90 Abgeordneten bestehenden Senat (Oberhaus des Parlaments) vertreten je 10 Senatoren eine Provinz. Auch deren Ernennung beruht auf dem proportionellen Anteil der Partei an der Gesamtstimmenzahl der Provinz. Das Wächteramt des Senats schließt die Überprüfung und eventuelle Einbringung der Gesetze ein, er ist jedoch nicht befugt, sein Veto gegen die Beschlüsse der Nationalversammlung einzulegen, es sei denn, es handelt sich um die Machtbefugnisse, Funktionen und Grenzen der Provinzen.

■ Träger der Exekutivgewalt sind der Präsident, die Vizepräsidenten und das Kabinett.

■ Der Präsident ist Regierungschef und Vorsitzender des Kabinetts, "führt das Land rechtmäßig und verfassungsgemäß im Interesse der nationalen Einheit" und wird von der Nationalversammlung gewählt.

Die Übergangsverfassung sieht mindestens zwei Vizepräsidenten vor. Jede Partei, die über wenigstens 20% der Sitze in der Nationalversammlung verfügt, kann einen Vizepräsidenten stellen, ein Anrecht, das augenblicklich der Afrikanische Nationalkongreß und die Nationale Partei ausüben können. Beide Parteien nominierten 1994 Thabo Mbeki respektive F.W. de Klerk für dieses Amt.

Das Kabinett setzt sich aus dem Präsidenten, den Vizepräsidenten und bis zu 27 Ministern zusammen. Parteien mit 20 oder mehr Sitzen in der Nationalversammlung können die proportionale Anzahl Geschäftsbereiche im Kabinett beanspruchen. Die Beschlußfassung beruht "im Einvernehmen mit dem Geist... der nationalen Einheit" auf dem Konsensprinzip.

■ Regionalregierung: Jede der neun Provinzen verfügt über eine Legislative oder ein Parlament mit 30 bis 100 Abgeordneten (je nach der Bevölkerungszahl) und einem Exekutivrat (Kabinett), dem der Ministerpräsident und 10 Minister der Provinz angehören. Auch hier gelten die Bestimmungen der Verhältniswahl, und die Beschlußfassung beruht auf dem Konsensprinzip.

Die Legislative ist befugt, die Provinzverfassung zu gestalten, vorausgesetzt, zwei Drittel der Abgeordneten stimmen den Beschlüssen zu, und es entsteht kein Verfassungskonflikt.

Die Regionalregierung verfügt zwar über umfassende, jedoch keine automatische Gewalt, da ihr die Gesetzgebungskompetenz erst dann von der Zentralregierung erteilt wird, wenn sie sich unter Beweis gestellt hat. Zu den Hauptaufgaben dieser Behörde zählen Landwirtschaft, Kulturpolitik, Schul- und Bildungswesen (ohne Hochschulen), Gesundheitswesen, Wohnraumbeschaffung, Sozialhilfe, Lokalverwaltung, Polizei, Umwelt- und Naturschutz, Fremdenverkehr, Sport und Freizeitgestaltung, Glücksspiel und Wetten, Straßenbau, Verkehr und Verkehrsmittel, Flughäfen, traditionelle Rechtsgemeinschaften und Gewohnheitsrecht, Regionalplanung und Aufbau.

■ Staatsgrundgesetz. Die Übergangsverfassung bestimmt eine Charter der Grundrechte, die jedermann gegen Eingriffe der Staatsgewalt oder gelegentlich selbst gegen das verfassungswidrige Verhalten anderer absichert, um somit auch die Rechte der Gemeinschaft und einzelner Kulturgruppen zu gewährleisten. Zu den Grundrechten gehören der Anspruch auf die Achtung des Lebens, Gleichheit vor dem Gesetz und Gleichberechtigung, Personenrecht (v.a. Verbot auf Haft ohne Verhör), Vermögensrecht, Gewissens-, Meinungs-, Religions-, Vereinigungs-, Protest-, Sprach- und Redefreiheit sowie das Recht auf eine Grundschulausbildung, auf eine saubere Umwelt, eine gerechte Arbeitsordnung und das Wahlgeheimnis.

■ Verfassungsgerichtsbarkeit. Sechs der 11 Richter des Verfassungsgerichts (*siehe* oben) ernennt die überparteiliche Judicial Services Commission. Das Gericht, das seinen Sitz in Johannesburg hat, gilt in allen verfassungsrechtlichen Fragen (Auslegung, Verfassungsschutz und Durchsetzung) als letzte Instanz.

Außenpolitik. Nach langen Jahren der Isolation ist Südafrika wieder aktives Mitglied der Vereinten Nationen und schloß sich weltweiten und regionalen Körperschaften wie dem Commonwealth of Nations und der Organisation für die Afrikanische Einheit (OAU) an.

Südafrikas Bindung an den Westen bestand bis in die jüngste Vergangenheit. Die Regierung unterstützte in internationalen Fragen im allgemeinen die Außenpolitik der Vereinigten Staaten, doch führten eine zunehmend feindliche Haltung des amerikanischen Kongresses sowie eine umgänglichere Haltung des Kremls bezüglich der Regionalkonflikte dazu, daß gegen Ende der 1980er Jahre in der Republik eine entscheidende Wende zur wirklich bündnisfreien Außenpolitik eintrat. Diese neutrale Stellung (wie in Hinblick auf die USA und Kuba oder Palestinenser und Israelis) scheint die neue demokratische Regierung in Pretoria noch mehr zu festigen.

Auf der internationalen Bühne spielt Südafrika eine kleine Rolle, in Afrika ist seine Vormachtstellung und sein bedeutender Einflußbereich nicht zu unterschätzen – es ist eine regionale Supermacht. Obwohl es sich über bloß drei Prozent der Gesamtfläche des Kontinents erstreckt und hier nur fünf Prozent der gesamtafrikanischen Bevölkerung lebt, können folgende Daten genannt werden:

- 40% der Produktionsleistung der Industrien Afrikas
- 25% des Bruttosozialprodukts
- 65% der Stromerzeugung
- 45% der Mineralgewinnung
- 40% (normalerweise) der Maisproduktion
- 66% der Stahlerzeugung
- 46% aller Kraftfahrzeuge Afrikas und
- 36% aller Fernsprecher befinden sich in der Republik.

Die kleineren Schwarzafrikastaaten des südlichen Subkontinents sind nicht nur stark von Südafrika abhängig, zwischen den Nachbarländern besteht ebenfalls enge Zusammenarbeit. Zum Währungsblock des Randes gehören neben Namibia die unabhängigen Königreiche Swasiland und Lesotho, während sich die oben erwähnten Staaten mit Botswana dem südafrikanischen Zollverein anschlossen. Die Wirtschaft Simbabwes und Sambias stützt sich weitgehend auf das südafrikanische Kommunikationsnetz und seine Seehäfen. Seit der Normalisierung ausländischer Beziehungen und der Verringerung der von den Großmächten bereitgestellten Beihilfen spielen gemeinschaftliche Unternehmen, bei denen Südafrika als treibende Kraft gilt – wie die Südafrikanische Entwicklungs-Koordinationskonferenz (SADCC) – in bezug auf den Wohlstand der Region eine große Rolle. Nicht nur wirtschaftlich ergreift das Land die Initiative, es ist sogar von einem Staatsgrundgesetz für den Subkontinent und von Protokollen zur Konfliktlösung die Rede.

Die Zusammenarbeit zieht auch weitere Kreise. Selbst in der Zeit der Sanktionen, als sich über jeglichen Kontakt mit der Apartheidsregierung ein Mantel des Schweigens legte, kam es zu geheimen Verhandlungen und Abkommen. Aus dem Eisenbahnverkehr jenseits der Grenze verdiente Südafrika R800 Millionen Netto, ein Betrag, der dem wirklichen Verdienstpotential kaum entsprach.

1994, im ersten Jahr der neuen Ära, unterschrieb Kenia einen 40-Millionenpachtvertrag für Lokomotiven, und es heißt auch, daß Südafrikas öffentlicher Versorgungsbetrieb Transnet das Eisenbahnnetz Sudans vermessen und dem Land 100 Supertanker für die Einfuhr des notwendigen Rohöls liefern soll. Transnet war ebenfalls mit großangelegten Projekten in Angola, Moçambique und Malawi beschäftigt, während bereits neue mit Zaire, der Volksrepublik Kongo, Tansania und der Elfenbeinküste erörtert wurden. Angeblich sollen zudem Verhandlungen über Verträge von mehreren Millionen Dollar mit Libyen stattgefunden haben.

Escom beabsichtigt, die unermeßliche potentielle Wasserkraft der südlichen Region zu nutzen, um durch ein internationales Netz auch Länder jenseits des Äquators mit preiswertem Strom versorgen zu können. Endgültig könnte dieses Projekt die Primärenergiequellen am Kunene und Zaire (Kongo) im Westen mit dem Viktoria- und dem Malawisee sowie den Sambesi (an dem sich bereits der riesige Cahora-Bassa-Stausee befindet), mit den Zentralgebieten und dem Westen verbinden. Im gemeinschaftlichen Interesse und der engeren Zusammenarbeit der Afrikastaaten könnte man weitere Projekte aufführen, denen eine Führung Südafrikas zuträglich wäre.

Aus diesen Tatsachen ergeben sich weitere Begleiterscheinungen. In Europa und Amerika gilt Südafrika als Hoffnung eines Kontinents, der von Armut, Seuchen, Hungersnot und allzu oft von Bürgerkrieg heimgesucht wird. Die Industrieländer gaben bereits Billionen Dollar für verschiedene Projekte der Katastrophenhilfe aus, ohne je auf eine Rückzahlung hoffen zu können. Man fragt sich nun, was diese Gelder für das Wirtschaftswachstum, den langfristigen Gesundheitsdienst und die Infrastruktur hätten bewirken können.

Die früher oft unstrukturierte, selbst opportunistische Afrikapolitik Amerikas kristallisiert sich jetzt klarer heraus und läßt sich wohl am besten als "Verhütungsdiplomatie" beschreiben. Man ist sich darüber einig, daß der unbeschreibliche Schrecken in Ruanda, der Bürgerkrieg in Angola, die Auflösung Somalias und die Hungersnot in Äthiopien hätte abgebogen werden können. Eine Analyse der unheilvollen Tendenzen und Krisen hätte die meisten Schwierigkeiten im Keim erstickt. Die Verhütungsdiplomatie geht weit über die Lieferung von Nahrungsmitteln und Decken hinaus. Sie setzt eine Partnerschaft zwischen den Vereinigten Staaten, den anderen G7-Staaten und einer aufgeklärten und verhältnismäßig starken Führungsspitze der Regionalmacht voraus. Südafrika könnte vermutlich diese Rolle übernehmen.

Schon bald nach seiner Amtseinführung betonte Präsident Nelson Mandela auf einer Gipfelkonferenz der OAU, daß Afrika die Verantwortung für sich selbst übernehmen müßte. Obwohl er sich begreiflicherweise nicht unmittelbar ins Minenfeld der Regionalpolitik begeben wollte, wurde diese Feststellung von Washington begrüßt. Mandela genießt weltweites Ansehen, durch sein Charisma, seine unangefochten moralische Persönlichkeit steht er an der Spitze der um den Kontinent bemühten Rettungsaktionen. Wenn sich sein eigener Rechtsstaat von den Kinderkrankheiten erholt und sich seinem gewaltigen Potential entsprechend entwikkelt, kann Afrika vielleicht einer besseren Zukunft entgegensehen.

Landesverteidigung. Trotz internationaler Sanktionen – oder gerade deshalb – verfügt Südafrika über gut ausgerüstete, starke Streitkräfte, sicher die mächtigsten Afrikas. Mit Hilfe der staatlichen Armscor konnte die lokale Waffen- und Rüstungsindustrie die durch das Embargo entstandenen Lücken schließen, in kürzester Zeit brachte man es auf diesem Gebiet zur technischen Perfektion. Vom Fließband kamen v.a. für das hiesige Gelände geeignete Militärfahrzeuge, doch auch neue Waffen (Gewehre, Maschinengewehre, Feldkanonen), Panzer, über 200 verschiedene Munitionsladungen, Kommunikationssysteme, Düsenflugzeuge, Kampfhubschrauber, mit Lenkflugkörpern versehen, sowie kleine Kampfschiffe.

Kriegserfahrung sammelten die südafrikanischen Streitkräfte größtenteils an der Namibiagrenze und in Südangola, wo sie bis 1988 der South West African People's Organization (SWAPO) gegenüberstanden. Wenn es zu kriegerischen Auseinandersetzungen mit dem Militärflügel des Afrikanischen Nationalkongresses kam, fanden teilweise Übergriffe statt, die von den Nachbarländern empört angeprangert wurden.

Seitdem man Anfang der neunziger Jahre um den Frieden bemüht war, unterlag die Priorität der öffentlichen Sicherheit und Ordnung einer entscheidenden Wende; vor allem verringerte sich die Notwendigkeit eines starken Heers und gutbestückter Arsenale. Die Wehrpflicht wurde nach und nach abgeschafft, und die neuen Südafrikanischen Nationalen Streitkräfte (SANDF) bilden sich um einen Kern erfahrener Berufssoldaten, die sich seit dem Mai 1994 vorwiegend mit der Vereinigung der unterschiedlichen Gruppen befassen – den Streitkräften des vorigen Regimes, den Armeen der

1

2

DER DURCHBRUCH. Ende 1989 wurde P.W.Botha entmachtet und von Frederick Willem de Klerk (**1**) abgelöst, der sich als einflußreicher Konservativer trotzdem der einschneidenden, weltweiten Veränderungen bewußt war, und sich von Anfang an dafür einsetzte, das Land aus den Krallen des gefahrvollen Rassenkonflikts zu befreien. Kirchenverbände aller Konfessionen unterstützten moralisch die Reformbewegung , und zu ihren bedeutendsten Führern zählte ein beherztes Trio (**2**): Dr. Beyers Naudé, der Friedensnobelpreisträger Erzbischof Desmond Tutu und Dr. Alan Boesak, der Vorsitzende des Weltrats Reformierter Kirchen. Der Sozialreform standen jedoch Forderungen der Linken, deren doktrinäre Aktivisten den Sturz aller "weißen" Institutionen verlangten, und von der Rechten im Wege. Die Rechte vertrat besonders lautstark Eugene Terre'Blanche (**4**), der mit seiner halbmilitärischen AWB alle Zugeständnisse zur Versöhnung der Rassen ablehnte.

Bereits nach wenigen Monaten hatte de Klerk das für den Afrikanischen Nationalkongreß (ANC), die Südafrika-

3

4

5

6

7

nische Kommunistische Partei (SAPC), den radikalen Panafrikanistischen Kongreß und ungefähr 30 andere Organisationen geltende Verbot aufgehoben. Bald darauf schritt Nelson Mandela, der bekannteste politische Gefangene der Welt, nach 27 Jahren, die er größtenteils auf der Robbeninsel vor Kapstadt verbrachte, in die Freiheit. An der Seite seiner ihm bald darauf fremd gewordenen Frau Winnie und des ehrwürdigen Parteifreundes Walter Sisulu (**3**) nimmt Mandela die Huldigung der Menschen entgegen, die nach 350 Jahren Kolonialherrschaft an ihre Befreiung glaubten. Der Weg zum endgültigen Frieden erwies sich jedoch als lang, hart und gefahrvoll. Zu den entscheidendsten Rückschlägen gehörte das im März 1993 verübte Attentat auf Chris Hani: Generalsekretär der SAPC, bedeutendes Mitglied des inneren Rats des ANC und Held der unterprivilegierten Jugend (**5**). Die politische Vernunft siegte aber und die meist unter der Schirmherrschaft der Convention for a Democratic South Africa (Codesa) geführten Verhandlungen erzielten Ende 1993 eine umfassende Übereinkunft. Die folgenden, allgemeinen Wahlen im April 1994 erwiesen sich als erstaunlich friedlich. Befürchtungen, daß die Machtübernahme durch den ANC durch eine Minderheit aggressiver Zulus (**7**) gestört werden sollte, indem man freie, gerechte Wahlen verhinderte, waren unbegründet, und in letzter Minute entschloß sich auch ihr Führer, Häuptling Buthelezi, zur Mitarbeit. Fast zwei Drittel der Stimmen entfielen auf den ANC, nachdem die Wählerschlangen geduldig in der Sonne (**6**) vor den Urnen gewartet hatten, um, oft zum erstenmal, ihre Stimme abzugeben. Den Wahlsieg feierten Mandela und Ramaphosa (**9**), einer der Urheber der Übergangsverfassung. Zwei Wochen später wurde Mandela als erster Präsident der befreiten, rechtsstaatlichen Demokratie Südafrika vereidigt (**8**).

8

9

ehemaligen "unabhängigen" Homelands und den Militärflügeln der Befreiungsorganisationen (*Umkhonto we Sizwe* des ANC, Apla des PAC). Hohe Offiziere aus all diesen Einheiten wurden befördert.

Die Nationale Friedenstruppe, die 1994 vor den Wahlen für Ruhe und Ordnung sorgen mußte, sollte die Integration der Armeen vorbereiten, erwies sich aber als Fehlschlag. Inzwischen hat man jedoch viel gelernt, so daß die Vereinigung heute mit der Ausbildung in konventioneller Kriegskunst Hand in Hand geht. Der Südafrikanischen Polizei (SAPS) obliegt in erster Linie die Verantwortung der Gefahrenabwehr, in jüngster Zeit kam jedoch auch bei Gewalttaten in den Townships das Militär zum Einsatz.

Grundlegende Reformen bemerkt man auch bei der Polizei, die bis 1994 der rechte Arm der Regierung war, wenn es darum ging, Maßnahmen durchzusetzen. Die meisten Bürger brachten der Polizei aus dem Grunde weder Vertrauen noch Achtung entgegen, und ihre Umschulung bezweckt die Ausbildung apolitischer, flexibler Beamter, die der Gemeinschaft dienen, anstatt sie einzuschüchtern. Um die Aufgabe der Ausbilder bei Bewerbungen und Schulung zu erleichtern, stellte man Psychoprofile auf, und die militärische Struktur soll einer zivilen weichen. Man zielt auch auf eine Zusammenarbeit von Polizei und Bürgern ab; erstere schützen die öffentliche Ordnung, werden aber von den Bürgern dabei unterstützt.

Die Rechtsordnung. Für die ersten Siedler am Kap galt das Recht ihrer Heimat Holland, ein Kodex, der auf die germanischen Rechtsnormen Westeuropas zurückging. Diese Gesetze verdanken ihre Formulierung wiederum vier großen Werken aus dem sechsten Jahrhundert, dem *Corpus Juris Civilis,* den Verordnungen des byzantinischen Herrschers Justinian. Trotz der systematischen Anglisierung der Kapkolonie seit Anfang des neunzehnten Jahrhunderts stellte 1857 die Königliche Kommission fest, daß "das römisch-holländische Recht die Mehrheit der Gesetze in der Kolonie bestimmt".

Der Einfluß der englischen Rechtsordnung war trotzdem erheblich, vor allem in bezug auf gerichtliches Verfahren, die Präjudiz, das Handelsrecht und Beweisführung. Zwischen der Gründung der Union (1910) und 1994 verbanden sich komplizierte, vielfältige Satzungen mit dem römisch-holländischen Gewohnheitsrecht zu einem Gebilde. Inzwischen wurden die Statuten der Apartheid abgeschafft, und man ist bestrebt, geringfügige Einschränkungen und die unnötige Bürokratie in der Verwaltung sowie in Rechtsangelegenheiten zu verringern, so daß sich eine freie Gesellschaft herausbilden kann.

Die oberste Instanz in Verfassungsfragen ist der Verfassungsgerichtshof (*siehe* Seite 40). Ein Beschützer der Öffentlichkeit, den ein gemeinschaftlicher Ausschuß beider Häuser des Parlaments ernennt (mit Dreiviertelmehrheit), schützt den Einzelnen gegen "verfassungswidrige Eingriffe der Staatsgewalt". Das Parlament ist in allen anderen Angelegenheiten, die nicht das Verfassungsrecht betreffen, die letzte Instanz. Die übrigen Zuständigkeiten verteilen sich folgendermaßen:

- Die Berufungsinstanz des Obersten Gerichts (in Bloemfontein) setzt sich aus dem Obersten Richter und den vom Staatspräsidenten ernannten Berufungsrichtern zusammen.
- Im Obersten Gericht und dessen Berufungsinstanzen (Kammern) in den Provinzen üben je ein Richterpräsident und vom Staat eingesetzte Richter die rechtsprechende Gewalt aus. Diese können nur durch eine Sanktion des Parlaments entlassen werden.
- Ein periodisch in bestimmten Bezirken tagender Gerichtshof ("Circuit Court").
- Nach der britischen Besetzung des Kaps führte man durch die erste Charter of Justice 1827 Schöffen- und Schwurgerichte ein. Da sich dieses System als nicht besonders erfolgreich erwies (wenn es um Rassenfragen ging, befanden weiße Schöffen nur äußerst selten die weißen Angeklagten für schuldig), wurde es nach der Unionsakte 1910 immer weniger gebraucht, bis man es 1969 abschaffte. Alle die unter dieses Gericht fallenden Streitigkeiten verhandelt heutzutage ein Richter (bei Strafsachen mit zwei Beisitzern).
- Sonstige Gerichtsbarkeit: Über 300 Amtsgerichte, die für kleinere oder gewöhnliche Streitigkeiten zuständig sind. Der Magistrat, ein beamteter Laienrichter, ist auch mit Verwaltungsangelegenheiten betreut. Kompliziertere Fälle übernehmen die Landgerichte.

Besondere Instanzen untersuchen Verfehlungen Jugendlicher, Unterhaltsfragen etc., doch besteht daneben das Gewohnheitsrecht, das auf dem Rechtsverständnis schwarzer Gemeinschaften beruht. Träger der Gerichtsbarkeit ist in diesem Falle der Häuptling, während ein Gericht, das mit dem Gewohnheitsrecht der Schwarzafrikaner vertraut sein muß, bei diesen Streitigkeiten die Berufungsinstanz ist.

WIRTSCHAFT

In Südafrika treffen die technischen Errungenschaften der Ersten Welt auf die Rückständigkeit der Dritten Welt. Das Land verfügt zwar über reiche Bodenschätze, moderne Technologie sowie eine fortschrittliche Industrie und Marktwirtschaft, doch ist unter der stetig wachsenden Bevölkerung der "Teufelskreis der Armut", die häufig ungenügende Bildung aufgrund eines mangelhaften Schulsystems, der Mangel an Arbeitsplätzen und Sozialleistungen nicht mehr zu übersehen. Aus dieser Situation ergeben sich schwerwiegende Konsequenzen für die Stabilität und Wirtschaftspolitik des Landes.

Die neue Führungsspitze, die seit 1994 die Zügel in der Hand hat, verschrieb sich der Umverteilung des Staatsvermögens und der Überbrückung der Kluft zwischen Arm und Reich. Zum jetzigen Zeitpunkt ist noch kein Urteil über die Durchführbarkeit dieser Anliegen möglich, doch kann man dem ersten Haushaltsplan und dem allerseits begrüßten Reform- und Entwicklungsprogramm (RDP) eindeutige, erfreuliche Hinweise entnehmen (*siehe* Seite 48).

Indikatoren der Wirtschaft. Den entscheidensten Beitrag am Bruttosozialprodukt leistet die verarbeitende Industrie (mit ungefähr 22 Prozent), der Bergbau (13 Prozent), Handel (11 Prozent), das Verkehrswesen und die Kommunikation (9,1 Prozent), die Elektrizitäts- und Wasserversorgung (4,0 Prozent), während der Anteil der Land-, Forst- und Fischereiwirtschaft nur 5,8 Prozent beträgt. An diesen Zahlen läßt sich die Entwicklung eines Agrarstaats zum Industriestaat, der auf dem Abbau der Diamant- und Goldvorkommen gegründet ist, klar erkennen. Nach dem Zweiten Weltkrieg verdrängte die verarbeitende Industrie den Bergbau und offerierte das größte Wachstumspotential, da Südafrika momentan zahlreiche Rohstoffe ausführt, die im Lande verarbeitet werden könnten, und gleichzeitig mehr Arbeitsplätze schaffen würden.

Im Jahrzehnt vor 1994 stand die südafrikanische Wirtschaft im Zeichen zahlreicher, ernster Rückschläge. Da der Außenhandel einen wesentlichen Anteil am Bruttosozialprodukt hat, macht sich der finanzielle Druck des Auslands immer in der gesamten Volkswirtschaft bemerkbar. Der flexible Wechselkurs zu Beginn der achtziger Jahre führte zu einer kurzfristigen Blüte, erschwerte aber gleichzeitig die Begleichung der Staatsanleihen. Die ausländische Schuldenlast stieg, und nach den weitverbreiteten Unruhen und der überraschend konservativen Haltung, die Präsident Botha plötzlich einnahm, wurde ausländisches Kapital abgezogen. Im September 1985 mußte daher die Johannesburger Börse zeitweilig schließen, ein Moratorium unterband vorläufig die Begleichung der ausländischen Staatsanleihen, und man kehrte zur Währungsmanipulation zurück.

Durch diese Ereignisse standen die Parteiideologen vor einem Dilemma, denn auf der einen Seite hemmten die Maßnahmen mittel- und langfristiges Wirtschaftswachstum, auf der anderen Seite war dieses Wachstum eine Voraussetzung für die Lösung der internen Probleme. Im Moment hat man keine große Wahl, da der wirtschaftliche und soziale Aufbau unerläßlich ist. Die für das RDP notwendigen Gelder können dem Staat nur durch Spareinlagen und ausländische Investitionen zufließen, daher hängt die wirtschaftliche Zukunft von einem geeigneten Klima ab, das es ermöglicht, Kapitalanleger eine hohe Rendite in Aussicht zu stellen.

Bergbau. Die Lagerstätten der südafrikanischen Bodenschätze sind teilweise die ertragreichsten der Welt: Gold, Platin, hochwertiges Chrom, Mangan, Vanadium, Fluorit und Andalusit, doch gibt es auch andere, riesige Vorkommen: Diamanten, Eisenerz, Steinkohle, Uran, Asbest, Nickel und Phosphate.

Die Goldförderung beträgt durchschnittlich 600 Tonnen im Jahr, d.h. ungefähr 35 Prozent des Gesamtertrags der Freien Welt. Mit dem Gold wird Uran gefördert, und Südafrika ist hier das drittgrößte Erzeugerland. In jüngster Zeit verlor Gold jedoch an Bedeutung, da internationale Krisen den Goldpreis nicht wie bisher positiv beeinflußten und ihn kaum über die Nutzschwelle vieler südafrikanischer Bergwerke steigen ließen. Ein gewisser Aufschwung machte sich jedoch Anfang der neunziger Jahre bemerkbar.

Diamanten, die man in den 1870er Jahren in den tiefen Kimberlitexplosionsröhren des nördlichen Kaplands entdeckte, leiteten die industrielle Revolution dieses Landes ein und waren seitdem wesentlich am Bruttosozialprodukt beteiligt. Südafrika ist nicht nur der größte Schmuckdiamantproduzent der Welt, es fördert auch Metalle der Platingruppe (Palladium, Rhodium, Iridium, Ruthenium sowie selbstverständlich Platin). Ungefähr dreiviertel der Platin- und Chromreserven der Erde schlummern im Schloß präkambrischer Schichten in der südafrikanischen Landschaft. Mangan, das man im nordwestlichen Kapland findet (ca. 80% der bekannten Vorkommen der Erde), wird bei der Stahlverhüttung gebraucht. Die Steinkohleablagerungen (58 Billionen Tonnen) spielen eine wichtige Rolle in der Stromversorgung und der Herstellung synthetischer Kraftstoffe.

In den 100 Bergwerken gewinnt man jährlich 175 Millionen Tonnen Steinkohle, im Jahr 2000 soll die Produktion auf 330 Million steigen. Steinkohle wird (gewöhnlich von Richardsbai) hauptsächlich nach Nordeuropa und Japan ausgeführt.

Energiewirtschaft. Trotz unerheblicher Erdölvorkommen exportiert die Republik Primärenergie, vor allem Steinkohle, die zu 60 Prozent der Elektrizitätsversorgung, zu 17 Prozent der Herstellung synthetischer Kraftstoffe, zu sechs Prozent der Koks- und Teerbereitung dient. Drei gewaltige Produktionsanlagen gewinnen Kraftstoff aus Steinkohle: Sasol 1 im Oranjefreistaat (1955), Sasol 2 und 3 bei Secunda in Osttransvaal. Die beiden letzteren verdanken ihre Entstehung der Erdölkrise (1973). 32 Millionen Tonnen Steinkohle verbrauchen die drei Anlagen, über deren Rentabilität trotz Subventionen inzwischen kein Zweifel mehr besteht und die endgültig die gesamte Versorgung des Landes gewährleisten können.

Der größte Elektrizitätsversorgungsbetrieb, ESKOM, verwaltet 19 Dampfkraftwerke, zwei Wasserkraftwerke, zwei Pumpspeicher-Kraftwerke, ein Kernkraftwerk, sowie drei Gasturbinen-Kraftwerke und erzeugt 97 Prozent des Gesamtverbrauchs (jährlich ca. 140 000 Millionen Kilowatt). Sechs neue Dampfkraftwerke wurden Mitte der achtziger Jahre in Betrieb genommen, u.a. die größte trockengekühlte Anlage der Welt (bei Ellisras, Transvaal). Von der Stromversorgung Südafrikas sind Moçambique, Botswana und Simbabwe abhängig. ESKOM zeichnet verantwortlich für 60 Prozent des auf dem afrikanischen Kontinent erzeugten Stroms und könnte mühelos alle Länder südlich der Sahara versorgen. Der Jahresumsatz der ESKOM übersteigt selbst das Bruttosozialprodukt mancher Afrikastaaten.

Erdöl- und Erdgasvorkommen fand man südlich vor der Küste von Mosselbai, worauf Soekor Submissionsofferten für Verträge im Werte von mehreren Billionen Rand zur Gewinnung dieser Schätze einholte. Die damalige Regierung war v.a. darauf bedacht, sich gegen das internationale Handelsembargo abzusichern, doch heutzutage, wo Südafrika wieder zur internationalen Völkergemeinde gehört, fragt man sich, ob die enormen Ausgaben überhaupt gerechtfertigt waren. Bei dem Projekt wurde nicht nur das Budget überschritten, man sprach auch von Mißwirtschaft. Trotzdem läuft der Betrieb weiter, denn in Anbetracht der ca. R14 Billionen, die bereits investiert wurden, kann es sich die Regierung kaum leisten, das gesamte Unternehmen aufzugeben und das Geld abzuschreiben.

Industrie. Die gewaltigen Arbeitskraftreserven, die reichen Bodenschätze und die technologische Erfahrung, besonders jedoch die ökonomischen und politischen Zwänge führten dazu, daß Südafrika in bezug auf Produktions- und Verbrauchsgüter immer selbständiger wurde. Der Anteil der verarbeitenden Industrie am Bruttosozialprodukt beträgt, wie oben erwähnt, ein Viertel.

Zu den wichtigsten Industriezweigen zählen:

■ *Die eisenverarbeitende Industrie.* Die drei bedeutendsten, von ISCOR verwalteten Anlagen produzieren jährlich ca. sechs Millionen Tonnen flüssigen Stahl, während kleinere Werke besondere Metallprodukte verhütten (Kohlenstoff, rostfreier Stahl, legierte Stähle, Kupfer, Messing, Chrom).

In der Schwerindustrie stellt man Kräne, Walzenpressen, Motoren, Turbinen, Werkzeugmaschinen, landwirtschaftliche Geräte, Computerteile, Stahlkabel usw. her.

■ *Grundstoff- und Produktionsgüter* (hauptsächlich für das Baugewerbe) betrugen Anfang der neunziger Jahre ca R10 000 Millionen im Jahr.

■ *Investitionsgüterindustrie.* Hier muß vor allem der Straßenfahrzeugbau erwähnt werden, dessen Zentrum Port Elizabeth ist, das "Detroit Südafrikas". Im kleinen, an einem Flußhafen gelegenen East London befindet sich das riesige Volkswagenwerk. Gemeinsam erzeugten sie in den achtziger Jahren 400 000 Einheiten im Jahr.

Der Konjunkturrückgang Mitte der achtziger und zu Beginn der neunziger Jahre machte sich in diesem Zweig erschreckend bemerkbar und verschlimmerte sich durch die vielen Probleme des Arbeitsmarkts. Hochleistungsdieselmotoren für Busse werden in Kapstadt, Getriebe in Boksburg erzeugt.

■ *Chemische und pharmazeutische Industrie.* In dem Industriezweig durchläuft die Produktion die gesamte Skala: von Petrochemie über Düngemittel, Pestizide, Sprengstoffe bis zu Kunststoffen und Farben.

■ *Nahrungs- und Genußmittelindustrie.* Auch in dieser Gruppe werden fast alle für den Lokalverbrauch notwendigen Güter hergestellt. Obwohl die Dürre Anfang der neunziger Jahre großen Schaden anrichtete, konnten sich einige Teilgebiete erholen, v.a. Tiefkühlprodukte und Konserven sowie Wein aus dem Boland (Westkapland), so daß das Gleichgewicht einigermaßen wiederhergestellt wurde.

■ *Textil- und Bekleidungsindustrie.* Das Wachstumspotential dieses arbeitsintensiven Zweiges gilt als erheblich. Er beschäftigt ca. sechs Prozent der gesamten Arbeiterschaft.

Diese beiden Industrien sind jedoch in einen Interessenkonflikt verwickelt: die Textilfabriken versuchen die Einfuhr billiger Stoffe zu verhindern (was das GATT-Abkommen aus dem Jahre 1993 jedoch undenkbar macht), während die Bekleidungsindustrie die billigeren Textilien braucht, um auf internationalen Märkten konkurrenzfähig bleiben zu können.

■ *Verkehrswirtschaft.* Südafrika verfügt über die fortschrittlichste Infrastruktur des gesamten Kontinents, eine Tatsache, die bei früheren internationalen Strafmaßnahmen gegen das Land berücksichtigt werden mußte, da einige Nachbarländer vom hiesigen Straßen- und Schienennetz völlig abhängig sind.

Der Schienenverkehr umfaßt ein Netz von rund 36 000 km (20 000 km elektrifiziert) Streckenlänge und wird von Spoornet, einer Abteilung der Transnet verwaltet. Dieses größte Unternehmen des

Landes ist auch für die nationale Luftverkehrsgesellschaft (SAA), für Straßentransport, Häfen und Pipelines verantwortlich. Stadtbahnen erleichtern besonders in Pretoria-Witwatersrand, Durban-Pinetown und auf der Kaphalbinsel den Straßenverkehr. Das rollende Material wird in Südafrika hergestellt.

Der ursprünglich nur zwischen Pretoria und Kapstadt eingesetzte, weltberühmte Blue Train verwirklicht alle mit Luxusreisen verbundenen Erwartungen. Neuerdings fährt er auch nach Osttransvaal und an die Viktoriafälle in Simbabwe. Ebenfalls besonders schnelle IC-Züge stehen auf dem Planungsprogramm.

Die Eisenbahn befördert jährlich rund 700 Millionen Fahrgäste und 200 Millionen Tonnen Fracht.

■ Die Luftverkehrsgesellschaft SAA bedient mit ihren geräumigen Boeing-747-Maschinen ein den Erdball umspannendes Verkehrsnetz, das noch erweitert werden soll. Auch ungefähr zwei Dutzend andere Fluggesellschaften fliegen von und nach Südafrika. Zudem verbinden zahlreiche Inlandflüge der SAA und anderer Verkehrsgesellschaften ca. 50 Bestimmungsorte. Internationale Flughäfen befinden sich bei Kapstadt, Durban und Pretoria-Johannesburg.

Landwirtschaft. Trotz ungünstiger Verhältnisse ist Südafrika in der Lage, landwirtschaftliche Produkte auszuführen. Saisonbedingte, unstete Niederschläge sowie der nicht besonders fruchtbare Boden, der im Laufe der Jahrtausende ausmergelte und eine an Nährstoffen immer ärmere Erde wurde, erschweren aber die Aufgaben des Landwirts ungemein.

Seit 1960 verdoppelte sich jedoch die Produktion, so daß in guten Jahren durchschnittlich tierliche und pflanzliche Rohstoffe sowie Konserven, Wild- und Holzprodukte im Werte von über R7 Billionen, dazu Wolle und Textilien im Wert von R1 Billion ausgeführt werden können.

Die klimatischen Bedingungen des Landes ermöglichen den Anbau vielfältiger Produkte: Zuckerrohr und subtropische Früchte (Natal), Mais (Sommerregengebiete), Tabak (aride Zonen), doch gibt es auch Groß- und Kleinviehzucht, Wollproduktion, Dauerkulturen, Futterbau- und Veredelungsbetriebe. Ständige Dürren und Verteuerung der Herstellungskosten belasteten aber die weißen Landwirte und Farmer immer stärker, während sich die Situation in den bereits verarmten, ländlichen Gebieten ins Krisenhafte steigerte.

Nachdem die bisherige Gesetzgebung 80 Prozent der Gesamtfläche Südafrikas nur der weißen Bevölkerung zur Verfügung gestellt hatte, sieht man im neuen Rechtsstaat auch eine gerechtere Verteilung des Gemeineigentums und besonders des Grund und Bodens vor. Zwar ist an keine direkte Enteignung gedacht, doch können etablierte Betriebe nicht mehr mit großzügigen Unterstützungen aus öffentlichen Geldern rechnen. Heruntergewirtschaftete Kleinbetriebe sollen dagegen saniert werden, um zur Lebensmittelversorgung und Verminderung der Arbeitslosigkeit in ihrem Umkreis beitragen zu können, ohne unbedingt für den Nahrungsbedarf des gesamten Landes die Verantwortung zu übernehmen.

Arbeitsmarkt. Nachdem die Resultate und Empfehlungen der Untersuchungsauschüsse unter Wiehahn und Riekert Ende der 1970er Jahre angenommen worden waren, änderten sich die auf dem Arbeitsmarkt geltenden Bedingungen entscheidend. Man erkannte Gewerkschaften, Mitbestimmungsrecht und Arbeitsgerichtbarkeit für in den Städten beschäftigte Arbeiter an, man gründete Betriebsräte, verbesserte Ausbildungsprogramme, handelte Grundlagen des Arbeitsschutzes, Mindestlöhne sowie Sozialversicherungen aus. Die seit den Anfängen des lokalen Bergbaus geltende Arbeitskontrolle wurde jetzt durch arbeitsfördernde Maßnahmen ersetzt. Gleichzeitig schloß sich die schwarze Arbeiterschaft in kürzester Zeit zu Gewerkschaften zusammen, die ihren Bedürfnissen in Form von Selbsthilfegruppen und Kampforganisationen entgegenkamen.

Die Gewerkschaften verfügen über die Macht, Neuerungen zu erzwingen. Anfänglich setzten sie sich nur für das Wohl der Arbeiter und günstigere materielle Verhältnisse ein, doch dann organisierten sie sich 1985 unter dem Dachverband des Congress of South African Trade Unions (COSATU), der sich immer stärker politisch engagierte und für die Freiheitsbewegung sowie die Interessen des ANC im Wahljahr 1994 eintrat. Als CASATU jedoch nach dem Wahlergebnis Lohnerhöhungen und verbesserte Arbeitsbedingungen forderte, sah sich die neue Regierung gezwungen, bei diesen Gesuchen dringlichere Anliegen, wie Arbeitsbeschaffung, Neuinvestitionen und Sozialreform zu berücksichtigen. Ein Ende des Bündnisses zwischen ANC und CASATU ist daher nicht ausgeschlossen.

Über die Hälfte der verwertbaren Arbeitskräfte des Landes sind infolge des Konjukturrückgangs, der Bevölkerungsexplosion und massierter Verstädterung entweder arbeitslos oder unterbeschäftigt. Kleinstbetriebe und Heimarbeit, die man beschönigend als den "informellen Wirtschaftsteil" bezeichnet, bestreiten u.a. als Hausierer, fliegende Händler, Besitzer der "Shebeens" (Bar in den Townships) und Taxiunternehmer schätzungsweise über 30% des Bruttoinlandprodukts zu Marktpreisen.

Die große Umverteilung. Nach fast einem halben Jahrhundert der Apartheid ließen sich die Schäden an Wirtschaft und Sozialleistung nicht mehr verleugnen: Anfang der neunziger Jahre lebte ca. 45% der Bevölkerung unter dem Existenzminimum, 2,3 Millionen Menschen brauchten dringend zusätzliche Nahrungsmittel, die Wohnungsnot konnte nur mit 1,5 Millionen neuen Wohneinheiten behoben werden. Die Regierungspartei verschrieb sich jedoch einem ehrgeizigen, kostspieligen Reform- und Entwicklungsprogramm (RDP):

■ Erziehung und Ausbildung. Schulpflicht, zehn Jahre kostenlos, Vorschule für Fünfjährige, Kurse für Analphabeten, Ausbildung der "verlorenen Generation", Ausbildungsförderung für Hoch- und Fachschulen, neue Schulen, Einrichtungen, Schulbücher.

■ Wohnraumbeschaffung. Über eine Million neue Wohnungen mit fließendem Wasser, Kanalisation, Abfallbeseitigung, Stromversorgung, Telefonanschlüssen. Sanierung der Arbeiterwohnheime.

■ Gesundheitswesen. Kostenloser Gesundheitsdienst für Kinder unter 6 Jahren, regionaler Gesundheitsdienst, Schwangerschaftsfürsorge.

■ Arbeitsbeschaffung und Sozialdienst. Löhne, von denen man leben kann, Schwangerschaftsurlaub, Angleichung der Altersrenten.

■ Lebenskosten. Steuerermäßigungen, Abschaffung der Mehrwertsteuer auf Grundnahrungsmittel, Preisüberwachung (Brot).

Die Finanzierung dieser Projekte führte bereits zu heftigen Debatten. Da die Politik der neuen Regierung auf Stabilität und Wohlstand abzielt, muß sie sich neben eigenen Initiativen auf den Anteil der Privatunternehmen verlassen, ohne die jetzt schon kaum tragbare, direkte Besteuerung zu erhöhen. Am meisten verspricht man sich von der Privatisierung des kopflastigen öffentlichen Sektors, doch scheint Mandela vor dieser Alternative zurückzuschrecken, da er fürchtet, die wirtschaftliche Macht der (weißen) Großkonzerne zu stärken. Das Beispiel Malaysia zeigt, daß sich die Privatisierung mit der Ermächtigung des Volkes vereinbaren läßt, um die ungleiche Einkommensverteilung aufzuheben und Wirtschaftswachstum zu fördern.

DIE SCHÖNEN KÜNSTE, SPORT UND FREIZEITGESTALTUNG

Auf kulturellem Gebiet, wenn es um Freizeitgestaltung, Unterhaltung und Sport geht, hat Südafrika wahrscheinlich mehr als jedes andere, mittelgroße Land zu bieten. Mit besonderem Stolz erwähnt man hier die Naturschutzgebiete, doch auch die überwältigend schöne Landschaft. Das Land ist auf den Fremdenverkehr eingestellt, und Besuchern aus dem Ausland fällt die Gastfreiheit der Menschen sowie die Bequemlichkeit der Unterkünfte auf. Zudem erweist sich ein Urlaub zu den jetzigen Wechselkursen als äußerst preiswert.

Die schönen Künste. Auf diesem Gebiet ist man außergewöhnlich rege und schafft teilweise Werke, die weltweit anerkannt werden. In den größeren Städten erleben Literatur, bildende Kunst, Theater, Ballett, Oper und Konzert eine wahre Blüte. Die vom Staat geförderten darstellenden Künste beschäftigen über 2 000 Künstler und Bühnentechniker, denen rund 300 Aufführungen in teilweise prunkvollen Staatstheatern zu verdanken sind (z.B. der Nico-Malan-Komplex in Kapstadt, das Nationaltheater in Pretoria und das Opernhaus in Bloemfontein). Ausgezeichnete, privat verwaltete Orchester erfreuen regelmäßig ihre Mitbürger in Durban, Johannesburg und Kapstadt.

Zu anderen hervorragenden Privatunternehmen gehören der Baxter-Theaterkomplex an der Universität Kapstadt und das Markttheater in Johannesburg. Das im Ostkapland gelegene Grahamstown veranstaltet ein jährliches Kulturfest, das mit seinen fast 100 000 Besuchern pro Tag zur größten Veranstaltung dieser Art auf der südlichen Halbkugel wurde. Seit der Aufhebung des kulturellen Boykotts öffnen sich für Künstler Tür und Tor, und man kann nun mit der Kreativität anderer Afrikastaaten und der weiten Welt aufwarten.

Südafrika darf mit Berechtigung auf seine zahlreichen begabten Instrumentalisten, Opernsänger und Ballettänzer stolz sein, doch ziehen es viele der an hiesigen Universitäten, Schulen und Konservatorien ausgebildeten Künstler vor, im ausländischen Rampenlicht, vor allem in Europa und Amerika, ihrem Namen Ehre zu machen.

Aus den schwarzen Gemeinschaften erklingt eine gänzlich andere Musik, die mit ihren Klängen die Grenzen des Landes sprengt. Schwarzafrikaner verfügen über uralte Traditionen und die Begabung zum mehrstimmigen, spontanen Gesang. Bei Zeremonien und Ritualen auf dem Lande spielt Volksmusik noch immer eine starke Rolle. Zwar wurden die Darbietungen durch die westliche Kultur und die Bekehrung zum Christentum umgestaltet – vielleicht verliehen ihnen diese Ereignisse sogar eine weitere Dimension – doch die Gabe des mehrstimmigen Gesangs ging nicht verloren.

Der Verstädterung ist eine neue, eigenständige Musik aus den Townships zu verdanken. Beim sogenannten "Mbaqanga" verlieh man den ursprünglich afrikanischen, doch dann in Amerika als Jazz bezeichneten Klängen einen lebensprühenden, neuen Charakter, der auf der Vielfalt der Zeitalter und des Stils beruht ("Mbubi"-Orchester, beschwingter "Marabi", Pennyflöten-Kwela", Dixieland, Big-Band, Reggae, Soul und Rock).

Im Verhältnis zur Bevölkerungsdichte verfügt das Land über ein beachtliches Rundfunk- und Fernsehnetz. Neben den vier staatlichen Fernsehsendern begannen 1988 auch Übertragungen eines privaten Kabelfernsehsenders. Abgesehen vom englischen und afrikaansen Sender gibt es (1994) Radio Five (beliebte Unterhaltungsmusik, Pop), zahlreiche Sender der verschiedenen afrikanischen Sprachen sowie Regionalsender. Auch im Rundfunk sollte sich demnächst eine stärkere Rationalisierung bemerkbar machen, die obendrein die kulturelle Vielfalt des Landes berücksichtigt. Zudem machte man bereits mehreren Organisationen Hoffnung auf einen Rundfunkvertrag.

Trotz der Schönheit des Landes, seiner Komplexität, der Konflikte und Tragik brachte Südafrika bisher kaum wahrhaft große Schriftsteller hervor. Kein Steinbeck äußerte seine Empörung über das Elend der Armen, kein James Baldwin appellierte mit glühenden Worten an das Gewissen der Rassen, es gab keinen Orwell und keinen Solschenizyn. Aber vielleicht hemmt gerade die Komplexität das literarische Schaffen. Die zeitgenössische Autorin Nadine Gordimer meint: "Wenn man in einer Gemeinschaft wie in der südafrikanischen lebt, deren Rassentrennung zu starker, gezielter Aufsplitterung führte, werden dem Schriftsteller unüberwindliche Schranken auferlegt."

Doch brüstet sich das Land mit einigen literarischen Größen: die häufig verkannte Olive Schreiner, der exzentrische Roy Campbell, der Mystiker Eugene Marais und in neuerer Zeit Alan Paton und Sir Laurens van der Post, die in ureigener Weise die Seele des Landes erkunden, ebenso Nadine Gordimer und John Coetzee, André Brink und Etienne Leroux, der brillante Stückeschreiber Athol Fugard und sein Kollege Gibson Kente.

Die mündlich überlieferte Literatur der afrikanischen Stämme erschließt nicht nur deren Vergangenheit, sondern bildet auch die Schwelle zum literarischen Schaffen der Zukunft. Das erkennt man bereits am sogenannten "schwarzen Theater", also Stücken, die von schwarzen Künstlern hauptsächlich für ein schwarzes Publikum geschrieben und aufgeführt wurden und sich vor allem durch ihre Spontanität auszeichneten. Die Darsteller beteiligen sich am gesamten Werdegang und sind kaum an ein Regiebuch gebunden. So entsteht eine lebensbejahende Mischung aus Wort, Musik, Lied und Tanz. Diese Stücke erfreuten sich auch auf europäischen und amerikanischen Bühnen großer Beliebtheit. Der Stoff der strukturierteren Stücke befaßte sich anfänglich mit den Ungerechtigkeiten der Apartheid, die angeprangert wurden, doch heutzutage entfernt man sich von lokalen Themen und wählt eher universelle Stoffe.

Sport. Die Südafrikaner sind große Sportfreunde, bei manchen steigert sich diese Begeisterung fast bis zum Fanatismus. Die Leidenschaft der afrikaanssprachigen Bevölkerung gilt dem Rugby, und während der vergangenen sieben Jahrzehnte hatte die Nationalmannschaft ("Springböcke") den Ruf des inoffiziellen Weltmeisters. Fast ebensolcher Beliebtheit erfreut sich Cricket.

In Südafrika gibt es Leichtathleten der Spitzenklasse (Bruce Fordyce, Matthews Temane, Elana Meyer), große Cricketspieler (Pollock, Barlow, Richards, Proctor, Wessels, Donald), hervorragende Rugbyspieler, Boxer (Brian Mitchell), Rennfahrer, Golfspieler (Gary Player, Ernie Els) und Tennisstars. Seit 1980 wurden die Sportler aber immer mehr isoliert, so daß die Leistungen generell nachließen.

Seitdem die innerpolitischen Verhandlungen 1990 die Schranken der Apartheid zu entfernen begannen und sich 1994 der Beginn des Rechtsstaats ankündigte, schritt auch die Integration im Sport fort. Inzwischen konnten südafrikanische Sportler sich abermals in der internationalen Arena unter Beweis stellen – allerdings mit unterschiedlichem Erfolg. Die Cricketspieler errangen 1991 den ersten und wahrscheinlich glänzendsten Sieg während ihres kurzen Besuchs in Indien, schafften es auch im darauffolgenden Jahr bis zum Halbfinale der Weltmeisterschaften in Australien und Neuseeland, zogen in der Karibik gegen die erfahrenen Westindischen Inseln den kürzeren und begannen ihre Tournee gegen England 1994 mit einem entscheidenden Sieg in Lords. Mitte 1992 nahmen Südafrikaner an den Olympischen Spielen in Barcelona teil, ohne jedoch dabei viel Aufsehen zu erregen, obwohl der Tennisspieler Wayne Ferreira und die Mittelstreckenläuferin Elana Meyer eine Silbermedaille gewannen. Auch die Rugbyspieler lernten aus bitterer Erfahrung, wie stark die lange Isolation ihre Leistung beeinträchtigt hatte. Die Springböcke mußten gegen Neuseeland, Australien, Frankreich und 1994 wieder gegen Neuseeland schwere Niederlagen einstecken. Bessere Ergebnisse erzielte man im Fußballspiel. Innerhalb der nächsten Jahre wird sich die Situation hoffentlich ändern, wenn die Spieler dann ihr Selbstvertrauen bei internationalen Wettspielen zurückgewonnen haben und das Potential schwarzer Sportler erprobt ist.

Wild- und Naturschutzgebiete. In Südafrika ist die Umwelt gefährdet: Wilderei, die Ausbreitung der Städte und Industrie, Landwirtschaft, wachsende Dorfgemeinden mit ihrem unersättlichen Bedarf an Wasser, Feuerholz, Weide, Lebensraum. Dies sind die hartnäckigsten Probleme Afrikas – oder der Dritten Welt überhaupt – und sie versprechen keine schnelle Lösung. An entscheidender Stelle erkannte man jedoch die Bedeutung des Ökotourismus und stellte Gelder und Arbeitskraft zur Erhaltung der Naturlandschaften bereit.

Neuerdings vertritt man allgemein die Meinung, daß Naturschutz und Fremdenverkehr keineswegs mit den Bedürfnissen der Landbevölkerung in Konflikt geraten müssen, man hört eher Begriffe wie

"Mehrzweck", "Ressource" und "Vertragsgebiet", die sich in letzter Zeit auf integrierte Schongebiete beziehen. Jetzt kommt es nicht mehr zu den früher oft umstrittenen Zwangsumsiedlungen der Dorfbewohner, im Gegenteil, sie behalten ihren Wohnort und sind am Umweltschutz beteiligt. Als Gegenleistung ziehen sie finanziellen Nutzen aus dem Fremdenverkehr. Somit ist allen geholfen, keiner muß Verluste beklagen – das verheißt für die Zukunft nur Gutes.

Augenblicklich verfügt Südafrika über fast 20 Nationalparks und ca. 500 kleinere Schutzgebiete, die von Regional- oder Lokalbehörden verwaltet werden. Hinzukommt die ständig wachsende Zahl privater Schutzgebiete, die oft auf den Luxusmarkt eingestellt sind.

Am größten und bekanntesten ist der Krüger-Nationalpark im Lowveld, dem Norden des Landes. Das lange, schmale, 20 000 Quadratkilometer große Schutzgebiet entspricht der Gesamtfläche von Wales. Im Süden grenzt es der Crocodile, im Norden der Limpopo ab, im Osten liegt Moçambique, im Westen das Tiefland Osttransvaals, wo sich einige private, oft luxuriöse Schutzgebiete befinden.

Hier herrscht das Großwild vor. Zu den 137 Säugetieren gehören die "fünf Großen": Elefanten (10 000), Löwen, Leoparden, Büffel (30 000), Nashörner, doch auch gewaltige Antilopenherden (z.B. 100 000 Schwarzfersenantilopen), 450 Vögel, 114 Reptilien, 40 Fische, 33 Amphibien und 227 Arten der Schmetterlinge. Von den 19 Touristenlagern entsprechen die größeren Feriendörfern, in denen sich strohgedeckte Rundhütten um Restaurants und Läden gruppieren. 1 880 Kilometer Asphalt- oder gute Schotterstraßen führen den Besucher an die Wasserstellen, an Picknickplätze und wunderbare Aussichtspunkte.

Trotz all der wilden Schönheit des Krügerparks braucht man auch hier nicht auf einen gewissen Komfort zu verzichten. Südafrikanischen Familien vermittelt man so auf angenehme Art ihr natürliches Erbe und offenbart dem Fremden die wahre Eigenart des Landes. Während der Saison halten sich hier täglich 3 000 Besucher auf. Erwähnenswert sind ebenfalls:

■ Der landschaftlich schöne Golden-Gate-Highlands-Nationalpark, der ungefähr 360 Kilometer südlich von Johannesburg im Oranjefreistaat gelegen ist. Zu dem hiesigen, vielfältigen Wild zählen Antilopen und Greifvögel.

■ Der Bergzebra-Nationalpark (in der Großen Karru, westlich von Cradock) bietet dieser seltenen, gefährdeten Spezies eine Heimat. Aus den bloßen 25 Bergzebras vor 20 Jahren wurden 200-300 Tiere, die jetzt zwischen Dornenbüschen und Sukkulenten an den Berghängen des Parks weiden.

■ Der Addo-Elefanten-Nationalpark schützt seit den 1930er Jahren die letzte der großen Elefantenherden des östlichen Kaplands (ungefähr 70 Kilometer nördlich von Port Elizabeth). Die Dichte des Elefantenbestands übertrifft andere afrikanische Gebiete um das Dreifache. Auch das Spitzmaulnashorn, zahlreiche Antilopen und ungefähr 170 Vogelarten kommen hier vor.

■ Der Bontebok-Nationalpark (südwestliches Kapland, bei Swellendam) konnte auf ähnliche Weise den Buntbock schonen, während sein Vetter, das hübsche Blauböckchen, seit Anfang des 19. Jahrhunderts ausgestorben ist. Die ursprüngliche, aus 17 Tieren bestehende Zuchtherde sorgte für den heute beträchtlichen Bestand. Hier leben auch über 180 Vögel.

■ Der Zuurberg-Nationalpark im Norden des Addo-Parks wurde 1985 proklamiert, um die Vegetation dieses Habitats zu schützen.

■ Die zwei Tsitsikamma-Nationalparks – der Forest und der Coastal – ziehen sich an der malerischen Gartenstraße hin. Im Waldschutzgebiet breiten sich uralte Gelbholzbäume und Kerzen-Schopfbäume über dichtem Unterholz, Farnen, Flechten und verschlungenen Wanderpfaden aus. Im Küstengebiet stehen Meeresleben, Felsen, Flußtäler und eine abwechslungsreiche Vegetation (Gelbholzbäume, Farne, Protea, zahlreiche Liliengewächse) unter Naturschutz.

■ Zu anderen litoralen Schutzgebieten gehören der neue Langebaan-Nationalpark an der Westküste mit seinen circa 40 000 Watvögeln und die Seenplatte im Südkapland um Knysna und Wilderness .

■ Der Karru-Nationalpark (bei Beaufort-West, 480 Kilometer nordöstlich von Kapstadt) ist für die Zwerggewächse der trockenen, doch eigenwillig schönen Karru bekannt.

■ Der Vaalbos-Nationalpark nördlich Kimberleys im Nordkapland wurde in jüngster Zeit proklamiert. Hier schützt man Kameldornakazien, Kampferbusch und andere eigenartige Wildblumenspezies.

■ Der Kalahari-Gemsbok-Nationalpark (zwischen Namibia und Botswana) ist mit seinen fast 100 000 Hektar das zweitgrößte Schutzgebiet Südafrikas. Zwischen den roten Dünen, den trockenen Flußbetten, spärlichen Gräsern und Dornenbüschen dieser Wildnis leben trotz fast ständiger Wasserknappheit riesige Antilopenherden (Streifengnu, Springbock, Elenantilope, Oryx oder "Gemsbock"), die ihre Nahrung durch wasserhaltige Gewächse wie Tsamma und Wildgurken ergänzen.

■ Der in neuester Zeit proklamierte Richtersveld-Nationalpark erstreckt sich in Namaqualand (Nordkapland) von der Küstenlandschaft bis zum Oranje. Unwirtliches, mit Sträuchern bestandenes Gelände, Grasfluren und verwitterte Hügel kennzeichnen dieses gewaltige, aride Gebiet.

■ Den Augrabies-Falls-Nationalpark an den Ufern des Oranje (westlich von Upington) machten seine Wasserfälle, die in Katarakten 90 Meter in die Tiefe stürzen, und seine wilden Schluchten berühmt.

■ Der Royal-Natal-Nationalpark erstreckt sich von den Drakensbergen bis nach Lesotho im Westen. Seine landschaftliche Schönheit lockt Naturfreunde, Wanderer und Bergsteiger an. Den relativ kleinen Wildbestand machen Gelbholzwälder, wilde Orchideen, Gladiolen, Aloen, uralte Zykadazeen und leuchtende Immortellen wett. Zu der artenreichen Vogelwelt gehören drei der sieben Kranicharten, zahlreiche Greifvögel – Felsenbussard, Kampfadler, Kaffernadler und der seltene, herrliche Bartgeier, dessen Horst sich auf den höchsten, wolkenumspielten Gipfeln befindet.

Die Schutzgebiete Natals und Zululands, die von pflichtbewußten Wissenschaftlern und Umweltschützern geführt werden, gehören gewiß zu den imposantesten Afrikas. In dem warmen bis heißen, teilweise feuchten Klima gedeiht eine üppige, abwechslungsreiche Pflanzenwelt: Wälder, Savanne, Dornsavanne, Fluß- und Flächenvegetation. Obwohl das Hluhluwe-Wildschutzgebiet beispielsweise erheblich kleiner als der Krüger-Nationalpark ist, kommen hier doch 68 Prozent der auch dort lebenden Arten vor.

Zu den anderen, beliebten Schutzgebieten gehören Mkuzi, Ndumi (tropische Vogelwelt), Umfolozi (Breitmaulnashorn) und St. Lucia (Flußpferd und Krokodil). Besonders eindrucksvoll ist das Giant's Castle-Wildschutzgebiet, das nicht nur diesen 3 207 Meter hohen Giganten einschließt, sondern auch die wundervollen Wälder und Sandsteinfelsen des Injasuti-Tals.

Die Wildschutzgebiete und Nationalparks Südafrikas bilden in einer Zeit des entscheidenden Wandels den ruhenden Pol. Der Umbruch der Gesellschaft und ihrer Institutionen verspricht eine recht unsichere Zukunft. Zuversicht darf man nur auf die überwältigend vielgestaltige Landschaft, auf den fernen Horizont setzen.

Studie in Kontrasten. Johannesburg zählt zu den Bergbau- und Wirtschaftsmetropolen der Welt und wirkt dynamisch, modern, pulsierend und herausfordernd. Doch trotz all der scheinbaren Raffiniertheit der Stadt vermag sie ihre etwas unsanfte Geburt in der Goldgräberzeit nie zu verhehlen, dafür spricht ihre zusammengewürfelte Architektur sowie der Lebensstil ihrer Einwohner.

MAISELS BUILDING
CHASONA MOTORS
LINRIDGE BUILDINGS
S.A SPICE WORKS
BUILDING ALTERATIONS
DRAKE
CONSTRUCTION
Lords glass works
HYGRADE

1

2

Johannesburg ist kaum ein Jahrhundert alt: noch vor hundert Jahren erstreckte sich hier das schweigsame, sonnengebadete, fast unberührte *highveld*; es beheimatete verstreute *kraals* und vereinzelte, einsame Anwesen, sonst wenig. 1886 jedoch stieß ein australischer Gammler namens George Harrison zufällig auf den größten Goldschatz der Welt, der dort unter dem Witwatersrand, dem "Weißwasserrücken", verborgen lag. Heute befindet sich die Stadt **(1)** im Zentrum des gewaltigsten afrikanischen Ballungsgebietes, eine geschäftige, vielsprachige Metropole, von zahlreichen Trabantenstädten dicht umgeben, die gemeinsam 60% des Sozialprodukts erbringen. Die Stadtmitte Johannesburgs hat ihr geschäftiges Treiben zum Teil eingebüßt, denn neuerdings machen ihr die forscheren neuen Vorstädte den Rang streitig, einfallsreiche Pläne zur Neugestaltung des alten Geschäftsviertels liegen aber vor.

3

4

6

5

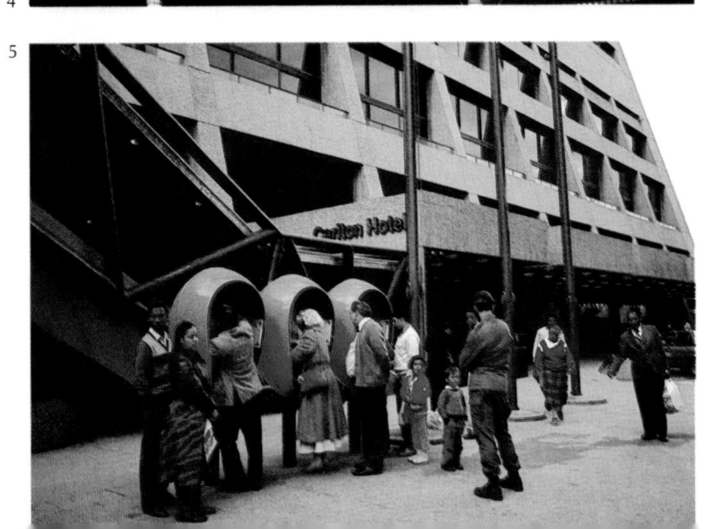

Trotz des Wohlstands nimmt der ständige Daseinskampf für zahlreiche Bewohner des Witwatersrands kaum ein Ende, sei es, mit dem Gehalt auszukommen, den geeigneten Arbeitsplatz zu finden und zu behalten, die entsprechende Wohnung zu entdecken, oder, wie die geduldigen Schlangen beweisen **(2)**, von und zu der Arbeitsstelle zu gelangen, wenn man als Pendler auf das überforderte öffentliche Verkehrsnetz angewiesen ist. In der Nähe liegt "Diagonal Street", die Anschrift der Johannesburger Börse **(3)**. Scharf hebt sich eines der wenigen, im Stadtkern verbliebenen Gebäude aus den Anfängen Johannesburgs **(4)** dagegen ab. In den verfallenden Mauern lebt heute eine indische Familie, die hier einer kleinen, aber erstaunlich eng verbundenen Minorität angehört. Im Brennpunkt der Stadt steht das Carlton Centre **(5 & 6)**, ein gigantisches Bürohaus, Hotel-und Einkaufszentrum.

Rundblick auf die Vorstädte. Besonders in den wohlhabenderen, nördlichen Vorstädten Johannesburgs fallen die modernen Einkaufszentren auf. Rosebank mit seinen Einkaufsstraßen und Restaurants im Freien (**1**) zeigt beispielhaft, wie sich das Geschäftsleben verlagert hat. Im Blickpunkt der vornehmen Gegend um Sandton steht Sandton City (**2** und **3**) mit seinem eleganten, um ein Atrium aus Glas und Gold erbauten Hotel.

In Johannesburg ist jedoch nicht alles nagelneu: das Herrenhaus eines frühen Magnaten (**5**) erinnert an eine geruhsamere Zeit, während der Eingang zur großen Aula der Universität Witwatersrand (**6**) ein stolzes akademisches Erbe symbolisiert. Zu den beliebtesten Sehenswürdigkeiten Johannesburgs gehört Gold Reef City (**7**), wo um das ehemalige Bergwerk Crown Mines (als es noch in Betrieb war, förderte man hier 1,4 Millionen Kilogramm Gold) ein Bergbaudorf aus der Pionierzeit einfallsreich nachgebildet wurde.

Zu den Attraktionen gehören hier u.a. ein viktorianischer Jahrmarkt sowie die Nachbildungen des alten Theater Royal, einer früheren Brauerei, Bar, chinesischen Wäscherei, Küferei, Zeitungsredaktion und Druckerei. Der Wohlstand der nördlichen Vorstädte Johannesburgs (**8**) zeigt sich an breiten Alleen, geräumigen Wohnhäusern und gepflegten Gärten mit Schwimmbad.

1

2

3

4

5

6

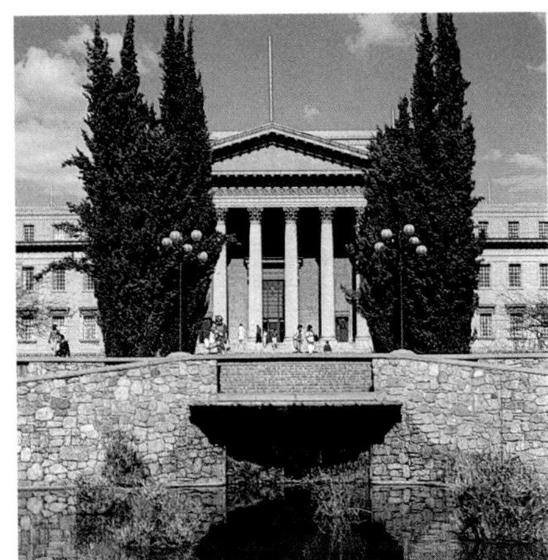

7

8

1

Freizeit. Die Johannesburger sind große Sportfreunde, wie die meisten Südafrikaner überhaupt. Für die Weißen gilt Rugby als Nationalsport oder gar als nationale Leidenschaft, und obwohl das Land aus internationalen Wettkämpfen fast gänzlich ausgeschlossen ist, zählen einige seiner Spieler zu den besten der Welt. Das neue Ellispark-Stadion **(1 & 3)** verfügt über 90 000 Plätze. Auf dem Sportplatz wird auch Fußball gespielt, eine besonders unter den Schwarzen äußerst beliebte Sportart – in Südafrika gibt es allein 10 000 Fußballklubs mit circa 600 000 Spielern. Dem Pferderennsport galt aber Johannesburgs erste Liebe, schon damals, als ihre Bewohner noch in Zelten wohnten, lockte der Sport bereits zahllose Zuschauer. Auch heute bestehen Gold und Rennbahn noch nebeneinander, doch findet das Nachmittagsrennen jetzt vor der Kulisse des gewaltigen Fördergeräts statt. **(4 & 5)**. Einen geruhsameren Zeitvertreib bietet der Zoo **(2)** mit seinem See und der nach dem Muster des berühmten holländischen Madurodam erbauten Miniaturstadt Santarama **(6)**, deren Größenverhältnis von 1:25 den Besucher erstaunt. Vor allem der herrliche musikalische Springbrunnen erfreut jeden.

2

3

ERNEST
FINGLESON
33-10
CHIFFON DRIVE 6
9-2
ROCK OPERA 7
5
PLAYRIFY
7
MISS PEGGY 14
ANNAPOLIS 5
ONLY FOR FUN 15
8
MANITOBA 13
AMERICAN BANKER 4
SWIFT EDGE 11
PRIDE OF JOY 10

4

5

6

CHOC-POP EXPRESS
CHOC-POP EXPRESS

1

2

3

4

5

6

Allen südafrikanischen städtischen Komplexen sind die sogenannten *townships*, dichtbevölkerte Siedlungen für Schwarze, angeschlossen. Früher nannte man sie "location", und bis vor kurzem galten diese für die meisten als eine "zeitweilige" Wohnung, da sie eigentlich endgültig in die traditionellen "homelands" zurückkehren sollten. Dies ändert sich jetzt alles, doch auch die Übergangszeit muß bewältigt werden. Schwarze dürfen nun Häuser besitzen oder langfristig pachten; die strittige Frage der Zustromkontrolle – ein fehlgeschlagener und trauriger Versuch, massierte Verstädterung zu unterbinden – wird entscheidend revidiert: man ist bestrebt, Vorschriften zu streichen und dezentralisierte Formen der Arbeit, also Heimindustrie, zu fördern. Soweto **(1-7)**, bei weitem die größte der schwarzen südafrikanischen *townships*, zählt offiziell knapp über eine Million Einwohner, es mögen aber doppelt so viele sein. Diese größtenteils wildwuchernde, schmutzige, trübe Stadt kennt jedoch auch schmuckere Häuser, gepflasterte Straßen und Straßenbeleuchtung; ihre Läden, Bars und Kaschemmen erfüllt eine eigene Art des pulsierenden Lebens.

7

In den vergangenen Jahrzehnten produzierte Südafrika fast die Hälfte des Goldertrags der Welt, während sein augenblicklicher Anteil an der Gesamtproduktion der Freien Welt 60% beträgt. Andere Minerale sind jedoch entscheidend am Sozialprodukt beteiligt: zu den insgesamt 59 verschiedenen Bodenschätzen zählen teilweise große Ablagerungen auch strategisch wertvoller Erze wie Platin und Chrom, sowie Diamanten, Kohle, Uran, Asbest, Nickel und Phosphate.

Beim größtenteils arbeitsintensiven Abbau des Goldes beschäftigt man hauptsächlich Gastarbeiter aus den

1

2

3

sogenannten nationalen Staaten innerhalb der Grenzen Südafrikas, wie aus der Transkei, der Ciskei, aus KwaZulu und Bophuta Tswana. Doch auch Gastarbeiter aus entfernteren Ländern, besonders Moçambique, Swaziland, lesotho und Malawi, verdienen hier wertvolle Devisen für ihre Heimat. Zu den größten und tiefsten Gruben der Welt gehören die Bergwerke bei Carletonville am Westrand; in Western Deep Levels baut man beispielsweise Gold 3 780 Meter unter der Erdoberfläche ab. Die nahegelegenen Gruben Ost – und West-Driefontein gestatten einen Einblick in den Tagesablauf solch

4

5

6

7

eines gigantischen Unternehmens: im Ausbildungszentrum lernen die angehenden Bergleute das Schienenlegen **(1)**, beim Bohren tief unter der Erde **(3)**, der Guß des geschmolzenen Edelmetalls **(4)**, Säuberung der Goldbarren **(5)**, Schichtwechsel am Ende eines anstrengenden, doch verhältnismäßig gutbezahlten Arbeitstages **(6 & 8)**, Essen in der Kantine **(2)**. Die meisten Bergwerke bieten ihren Angestellten ausgezeichnete Möglichkeiten für Sport und Entspannung, während Freizeitgestaltung, wie die traditionellen Tänze, besonderen Anklang findet **(7)**.

8

Der Regierungssitz. Südafrika verfügt über drei Hauptstädte: Kapstadt (Gesetzgebung), Bloemfontein (Rechtssprechung), und natürlich Pretoria (Verwaltung), jene freundliche Stadt, die sich behaglich an die östlichen Ausläufer der Magaliesberge schmiegt. Obwohl Pretoria nur 60 Kilometer von dem hektischen Leben Johannesburgs entfernt liegt, ist es eine ruhige, gepflegte Stadt, deren von Jakarandabäumen gesäumte Straßen an hübschen Gärten, öffentlichen Parkanlagen (über 100), Denkmälern und imposanten Gebäuden vorbeiführen. Zu den bekanntesten Bauwerken gehören der Justizpalast **(1)** und das Unionsgebäude **(5 & 6)**, welches vom höchsten der die Stadt umgebenden Hügel, Meintjieskop, alles überblickt. Das von dem anerkannten Architekten Herbert Baker entworfene Unionsgebäude wurde 1913 fertiggestellt und diente dem großzügigeren und doch reizvollen Regierungssitz in Neu-Delhi zur Vorlage. Auf einem anderen Hügel Pretorias thront die eindrucksvolle Universität Südafrika **(4)**, ein Fernlehrinstitut mit außergewöhnlich hoher Studentenzahl. Auch wenn es hier im allgemeinen geruhsamer zugeht, kennt die Stadt auch Verkehrsgewühl und geschäftiges Treiben in den Einkaufszentren **(2, 3, 7 & 8)**.

1

2

3

4

5

6

GARDEN

7

8

JULY HOLIDAY ACTIVITIES
PAINTING EXHIBITION
OILS & WATERCOLOURS
NOW ON
PLAYSCENE
LEGO
1ST - 6TH
qua dro
TOY EXHIBITION 8th-13th
sunnypark

Die Jakarandastadt. Die ersten zwei der inzwischen auf über 50 000 angewachsenen Jakarandabäume wurden 1888 aus Rio de Janeiro eingeführt und machten Pretoria durch ihre leuchtenden Farben berühmt **(1)**. Auf einem Hügel außerhalb der Stadt erhebt sich das 1938 begonnene und 1949 fertiggestellte Voortrekkerdenkmal **(2 & 3)**, das der Pioniere des Großen Trecks gedenkt und ein Mahnmal, den unteren Saal und die Heldenhalle umfaßt, an deren Innenwänden ein eindrucksvoller, 92 Meter langer Fries die wesentlichen Ereignisse des Trecks darstellt.

1

2

3

4

Das Abkommem von Vereeniging beendete den langen, blutigen und für beide Parteien, Buren und Engländer, mit großen Verlusten verbundenen Krieg. Es wurde am 31. Mai 1902 im Melrose-Haus (Pretoria) unterschrieben **(6)**. Zu diesem Zeitpunkt lebte Lord Kitchener hier, später zog Hochkommisar Lord Milner ein, doch heute bewundern wir das Gebäude als wunderschön restaurierte Sehenswürdigkeit. Im Brennpunkt der darstellenden Künste Transvaals steht das Staatstheater **(4)**: modern, luxuriös eingerichtet und ausgestattet.

6

7

Der Fountains-Valley-Park **(5)** in Pretoria mit seiner Miniatureisenbahn **(7)** lädt zum *braaivleis* ein, dem zum Volksbrauchtum gehörenden Barbecue. Heutzutage brät man allerdings bequemer mit Gas als dem früher üblichen Holzkohlenfeuer.

5

Tummelplatz der Vergnügungssüchtigen im Norden. In den ehemaligen Nationalstaaten gab es kaum Verbote gegen Glücksspiele, eine Tatsache, die geschäftstüchtige Unternehmer für den Fremdenverkehr auszuschöpfen wußten. Hotels und Kasinos nehmen jährlich Zehntausende Besucher aus Südafrika und dem Ausland auf. Am bekanntesten ist Sun City (**1-5**), ein gewaltiger, unverblümt materialistischer Hotelkomplex aus Beton und Talmi (**1**). Hier spielt man Roulette, Siebzehn und Vier oder verfällt dem "einarmigen Banditen". Für Genuß und Unterhaltung sorgen

2

internationale Künstler, eine gute Küche und erlesene Getränke, aufwendige Kabarettvorführungen und gewagte Filme, doch auch Meisterschaftskämpfe im Boxen, Golf, Wassersport (**3**) sowie geruhsame Stunden am Schwimmbad. Trockene, staubige Dornsavanne umgibt diese Oase mit ihrem gepflegten Rasen, mit Palmen und kristallklaren Springbrunnen.

Neuerdings gehört auch das eindrucksvolle Lost City zu diesem Komplex (**2** und **4**), in dessen Mittelpunkt das mit Kuppeln und Minaretten geschmückte Palace Hotel steht. Der Hotelkönig Sol Kerzner bezeichnete Hotel und Anlage als "die Verwirklichung eines Phantasiegebildes ... das in der Erhabenheit des alten Afrikas verwurzelt ist".

Nur eineinhalb bequeme Autostunden trennen Sun City von Pretoria und Johannesburg. Viele Kasinos und Hotelkomplexe fördern aber die Erwerbstätigkeit in den verarmten Gebieten.

3

4

1

2

3

4

Die gewaltigen Baobabs und Mopanebäume beherrschen in den nördlichen Gebieten Transvaals Landwirtschaft und flache Savanne und erstrecken sich bis zu den fernen Hügeln, von denen die 130 Kilometer lange Kette der Soutpansberge am imposantesten wirkt. Das Gebirge scheidet das nördliche Lowveld von der hochgelegenen Landschaft im Südosten, und in seiner fruchtbaren, gemäßigten Hochebene ließ sich zu Beginn des 18. Jahrhunderts das in der südlichen Wanderung begriffene Vendavolk nieder. Doch auch andere Stämme, wie die Nordsotho und Ndebele fanden hier eine Heimat. Venda, bloße 6 000 Quadratkilometer groß, ist ein Nationalstaat mit weniger als einer halben Millionen Einwohnern, von denen 50 000 ihr Brot (und die Staatseinkünfte Vendas) als Gastarbeiter in Südafrika verdienen. Ländliche Szenen. Vendafrauen bei Haushaltspflichten am Fluß **(1)**. Während die Nordsothofrau arbeitet, schläft ihr Kind sicher auf ihrem Rücken **(2)**. Teil des Honnet-Naturschutzgebietes **(3)** zwischen den Soutpansbergen und dem Limpopo. Sonnenblumen **(4)** gehören zu den ertragreichsten Bodenprodukten dieses Gebietes und werden dank ihres pflanzlichen Öls geschätzt. Sothokörbe bietet man oft am Wegrand feil **(6)**. *kraal* der Ndebele **(5)** und Ndebelemädchen **(7)** in Stammestracht.

5

6

7

1

2

3

4

5

Am Rande der Schichtstufe. Vom 2 127 Meter hohen Wolkberg **(1)** stürzt ein Wasserfall in die Tiefe der Magoebaskloof, eines der herrlichsten und fruchtbarsten Gebiete des Landes. Unvergeßlich bleibt die 97 Kilometer lange Strecke, die von Pietersburg nach Tzaneen durch diese eindrucksvolle Hügellandschaft führt und an einer Stelle im dichten, dunkelgrünen Wald innerhalb von sechs Kilometern 600 Meter fällt. Sägewerke gehören zum Landschaftsbild, und obwohl es zahlreiche Pflanzungen, wie die hier an der Magoebaskloof-Talsperre **(2)** gibt, findet man an den oberen Berghängen noch immer einheimische Wäldchen: Stinkholz, Gelbholz, Fächerpalmen und das wunderschöne "rooihout" (*Ochna o'connorii*). Der Debengenifall **(5)** liegt oberhalb der Talsperre. Der Name, "Ort des großen Kochtopfes", bezieht sich auf einen großen Tümpel am Fuß des Wasserfalls. Zu den Bodenprodukten der Magoebaskloof gehören Obst und Wintergemüse, während Tee extensiv gepflanzt wird **(3 & 4)**, nachdem die ersten Plantagen 1963 mit der finanziellen Hilfe der Industrial Development Corporation und dem erforderlichen Fachwissen aus Kenia entstanden waren.

1

2

Der Reiz der Drakensberge Transvaals. Die Große Schichtstufe erstreckt sich 300 Kilometer in nordsüdlicher Richtung durch Osttransvaal, ein zerklüftetes, majestätisches Gebirge, welches das Highveld vom Lowveld trennt. Der Blyde River-Cañon (**1**), eines der Naturwunder Afrikas, fällt jäh 800 Meter vom gewaltigen, flachen Felsvorsprung des Mariepskop und dem Trio seiner Gefährten, den Drei Rondavels, zum Fluß hinab. Der Blyde (**4**), ein Nebenfluß des Olifants, verdankt seinen Namen dem afrikaansen Wort für "Freude". Hier wurden nämlich 1841 einige Trekkerfrauen, die schon ihr Witwendasein beweinten, als ihre auf Erkundung ausgerittenen Männer nicht zurückkehrten (sie hatten davor einen anderen Fluß "Treur", d.h. "Trauer" getauft), überraschend mit den bereits Totgeglaubten wieder freudenvoll vereint. Der bekannteste Weg in dieses Gebiet führt durch den Abel-Erasmus-Paß, dessen Hänge bis hinab zur Straße über und über mit Syringen in rostfarbenem Blätterkleid bestanden sind (**3**). In diesem wahren Paradies für Wanderer und Erholungsbedürftige erfreuen sich die Blydepoort-Talsperre (**2**) und der dazugehörige Ferienort (**5**) gleicher Beliebtheit.

3

4

5

An den Schönheiten der Schichtstufe Osttransvaals kann man sich kaum sattsehen, und zu den herrlichsten Anblicken gehören bestimmt Pinnacle Rock (**1**) und zwei der bezauberndsten aus einer Reihe von Wasserfällen, Lisbon (**5**) und Berlin (**6**). In der reizenden Ortschaft Pilgrim's Rest (**2 & 3**) herrschte um 1870 unter den Schürfern ein geschäftiges Treiben. Da das Städtchen zu den ersten Transvaals gehörte, das dem Goldrausch verfiel, strömten Schürfer sogar aus Kalifornien und Australien hierher. Zu diesem Zeitpunkt waren 21 Geschäfte, 18 Bars und drei Bäckereien der Stolz der Stadt, von den hektischen, manchmal unglaublichen Festen ganz zu schweigen. Zu den

1

2

3

4

5

6

aufsehenerregendsten, hier gemachten Entdeckungen gehörte ein Goldklumpen (6 038 g), doch auch die eigenartigen Namen anderer Plätze der Umgebung sind mit wesentlichen Funden verbunden: Waterfall Gully, Peach Tree Creek und die weiter entfernten Spitskop und Mac Mac. Als die Goldfunde nach 1876 abnahmen, überließ man das Gebiet im Laufe der Jahrzehnte immer mehr der Forstwirtschaft. Einige kleine Bergwerke sind jedoch auch heute noch in Betrieb **(4)**. Für die verbliebenen ca. 630 Seelen wird das von der Zeit fast unberührte Städtchen zum lebenden Museum. Bourke's Luck Strudelkessel **(7)** am Zusammenfluß des Blyde und Treur, entstanden durch den ungewöhnlichen Einfluß der Wassererosion.

7

Blick über die Berglandschaft vom Long-Tom-Paß auf Sabie **(1)**. Der Paß mit inzwischen geteerter Straße, die dank ihrer gut eingeplanten Steigung von Besuchern gern befahren wird, stellte einst eine wilde, unsichere Verbindung zwischen dem Zentrum Lydenburg in Osttransvaal und dem portugiesisch-ostafrikanischen Hafen Lourenço Marques her (heute Maputo, die Hauptstadt Mozambiques). Der Name "Long Tom" stammt von den riesigen Creusot 15 cm-Feldgeschützen, die während des Burenkrieges mit katastrophalen Folgen gegen die Engländer eingesetzt wurden. Im September 1900 besetzte General Sir Redvers Buller Lydenburg, nachdem er auf seinem Zug nach Norden bereits Ladysmith befreit hatte. Die versprengten Burentruppen leisteten aber heftigen Widerstand, besonders das Nachhutgefecht auf den verschlungenen Pfaden der hohen Drakensberge bei Devil's Knuckles hielt die Gordon Highlander unter großen Verlusten in Schach.

1

2

3

Die Sudwala-Tropfsteinhöhlen **(2 & 3)** liegen in der Nähe des Crocodile River. Ein als Mankelekele bekanntes Gebirgsmassiv (der Name bedeutet "Fels auf Fels") umgibt die Höhlen, die als geologisches Wunder und beliebtes Besucherziel gelten. Im Laufe der Jahrtausende schuf das durch Dolomitgestein sickerende Regenwasser die geräumigen Kammern der Höhlen, die mit Stalagmiten und Stalagtiten geschmückt sind. Die eine Kammer, 90 Meter lang und 45 Meter breit, brüstet sich mit blauen, smaragdgrünen und schneeweißen Formationen. Das unterirdische Labyrinth soll sich über ungefähr 30 Kilometer erstrecken.

4

5

Der erhabene Elands River-Wasserfall **(4)** bei Waterval Boven. Hier bezwang Paul Krügers Eastern Railway (Ostbahn) die Schichtstufe und verband die Transvaalrepublik mit der Hafenstadt Lourenço Marques, heute Maputo. Die Erstellung der Eisenbahnlinie begann 1887 und sollte den Vorteil verringern, den die Engländer durch bessere Verkehrswege hatten. 1894 stieß man mit dem Bau bis hierher vor, doch mußten viele dafür das Leben lassen: Fieber, Raubtiere, Alkohol und Gewalttätigkeit unter den Arbeitskolonnen hatten traurige Konsequenzen.

Die unter Naturschutz stehenden Baumfarne **(5)** gehören hier zum Landschaftsbild.

1

Im Lowveld Osttransvaals hat das Wild, das einst in großer Zahl die Hügel und Ebenen des ausgedehnten Inlandes bevölkerte, eine letzte Zuflucht gefunden. Das größte Wildschutzgebiet des Landes – seine Ausmaße übertreffen die Israels – der weltbekannte Krüger-Nationalpark, erstreckt sich im Nordosten Südafrikas über 19 585 Quadratkilometer in der Savanne und nimmt jährlich mehr als 500 000 Besucher auf. Seine 15 Lager, vom winzigen Roodewal bis Skukuza, das eher einem unabhängigen Dörfchen als einem Lager im Busch gleicht, bieten in erster Linie bequeme, preiswerte Ferien für die gesamte Familie, abenteuerliche Safaris sind kaum eingeplant. Dieses Gebiet gehört zu den wenigen verbliebenen des Subkontinents, in denen sich die großen Raubkatzen wohlfühlen.

2

3

4

5

6

7

Im Krüger-Nationalpark leben ungefähr 300 Geparden **(1 & 2)**. Die Vettern des geheimnisvollen Leoparden **(3)** haben längere Beine, sind schneller (sie erreichen bis zu 110 Stundenkilometer) und ziehen das verhältnismäßig wenig vorhandene, freie Gelände dem Dickicht vor, da sie ihre Beute auf der Jagd hetzen und deshalb viel Platz brauchen. König der Raubkatzen ist natürlich der Löwe **(4-7)**. Dieser kapitale Bursche **(6)** wurde in Timbavati aufgenommen, das zu den wenigen, an der Westgrenze des Krüger-Nationalparks gelegenen privaten Naturschutzparks gehört. Die meisten der benachbarten Parks sind besonders wildreich, auch setzt man in bezug auf Unterkunft und Verpflegung größeren Luxus voraus und spricht so den wohlhabenderen Naturfreund an. Timbavati bildet hier keine Ausnahme, im Gegenteil, als besondere Attraktion bietet es die seltenen und schönen weißen Löwen **(4)**, keine Albinos (trotz des schneeweißen Fells sind die Augen pigmentiert), sondern die Folge rezessiver Gene.

Szenen aus dem Krüger-Nationalpark. Im nördlichen Teil des Parks treffen neun der wesentlichsten Ökosysteme Afrikas aufeinander, und die Natur steht im Zeichen dieser Kontraste: herrliche Hügel, tiefe Täler und Schluchten, Sumpf und dürre Savanne, dichte Wälder und freie Ebenen, erstarrte Lava und weicher Sand. Wasser und Wild gibt es im Überfluß. Hier im nördlichen Krüger-Nationalpark fließt der von üppigen Pflanzen gesäumte Luvuvuhu **(1)**, wo der Besucher bestimmt Nyala und Flußpferd **(4)** beobachten kann, und, wenn er Glück hat, sogar den herr-

1

2

3

lichen, doch scheuen Buschbock (**5**). Obwohl man im Krüger-Nationalpark ungefähr 1 000 Buschböcke zählt, bekommt man sie nur selten zu Gesicht, da diese blattfressenden Tiere sich vorwiegend nachts, frühmorgens oder spätnachmittags auf Nahrungssuche begeben und tagsüber ruhen . Innerhalb der Art unterscheidet man zahlreiche Variationen in bezug auf Größe und Färbung, man einigte sich auf ungefähr 40, deren Färbung die Skala von durchgehendem Dunkelbraun, über gefleckt, bis zum gestreiften Kastanienbraun durchläuft. Auch die Vogelwelt ist hier besonders reich, und der Weißstirnbienenfresser (**2**) mit seiner Beute, einer Libelle, gehört zu den 450, hier vorkommenden Arten.

Der männliche Wasserbock scheint unter einer Herde Schwarzfersenatilopen, die sich um den Orpendamm (**3**) im südlichen Krüger-Nastionalpark drängen, ein ungebetener Gast zu sein. Schwarzfersenantilopen (**6**) gehören ebenfalls einfach ins Landschaftsbild des

4

5

6

Parks, denn ca. 160 000 dieser graziösen Antilopen fanden hier eine Heimat. Man nimmt ihre Anwesenheit deshalb leicht als selbstverständlich hin, obwohl sie dank ihrer Behendigkeit und ihres Verhaltens unbedingt die Aufmerksamkeit des Naturfreundes verdienen. Ohne augenscheinliche Mühe setzt die Schwarzfersenantilope zu drei Meter hohen Sprüngen an, und wenn eine aufgeschreckte Herde flüchtig wird, erweckt ihre flinke, fließende Bewegung den Anschein einer instinktiven Choreographie, deren Anmut den Beschauer ergötzt. Ihr Herdenverhalten ist äußerst kompliziert: während der Brunft gebärden sich die Böcke dieser normalerweise sanften Herdentiere bei der Verteidigung ihres Gebietes ausgesprochen aggressiv.

Auch wenn die Natur dem Warzenschwein (**1**) wenig Schönheit beschert hat, stattete sie es zum Ausgleich mit Zähigheit und einem starken Selbsterhaltungstrieb aus: seine Hauer sind messerscharf, Geruchssinn und Gehör gut entwickelt. Die normalerweise grasfressenden Tiere ernähren sich notfalls auch von wilden Früchten, Knollen und Wurzeln.

Auch der Grüne Leguan (**2**) ist kein Schönling. Im südlichen Afrika kommen zwei Arten dieser größten der Echsen vor (die andere Art ist der Nilwaran). Die hiesigen Medizinmänner schätzen Haut und Fett besonders, da beides Heilkraft besitzen soll. Der auf dem Baum lebende Leguan verteidigt sich auf eigenartige Weise: wenn man ihn stört, stellt er sich lieber tot, als die Flucht zu ergreifen.

Ein blätterfressender Kudubulle (**3**) im Krüger-Nationalpark. Der Kudu gehört zu den größten Antilopen Afrikas. Kudus treten in Familienverbänden von ungefähr einem Dutzend auf. In der Brunft können die Kämpfe der Bullen um ein bestimmtes Gebiet tödlich ausgehen. Es dauert ungefähr sechs Jahre, bis die langen, spiralenförmigen Hörner ausgewachsen sind.

Das Weiße Nashorn (**4**) trifft man im Krüger-Nationalpark, sowie im angrenzenden Londolozi-Wildschutzgebiet (Teil des ausgedehnten Sabie-Sand-Schutzgebiets), wo diese Aufnahme entstand. Nach dem Elefanten ist das Weiße Nashorn das größte Landsäugetier, Bullen können bis zu 3,5 Tonnen wiegen. Auch wenn es ziemlich bösartig aussieht, ist es doch längst nicht so angriffslustig wie sein seltenerer Vetter, das Schwarze Nashorn, und läßt es meistens beim Scheinangriff beruhen. Wildhunde (**5**) sieht man im Krüger-Nationalpark häufig. Diese gesellig lebenden Tiere greifen im Rudel ihre Beute an und hetzen sie erbarmungslos zu Tode.

1

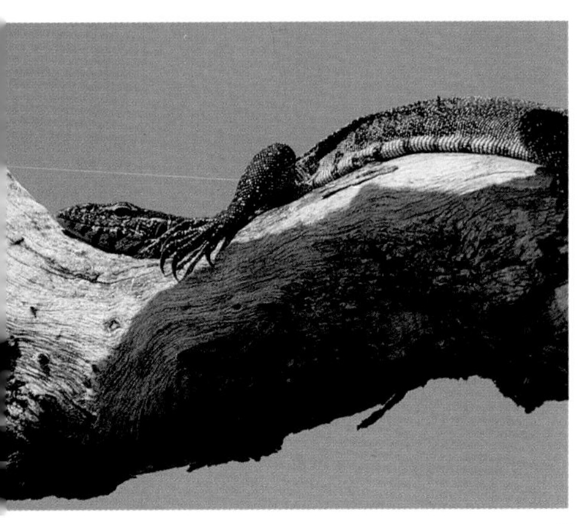

2

3

4

5

Der Olifants gehört zu den wichtigsten Flüssen des Krügerparks **(6)**. Ganze 100 Meter über dem Fluß erstand das besonders hübsche Olifants-Ferienlager auf unwirtlichem Gestein. Hier genießt der Besucher den herrlichen Blick über Berg und Tal, doch auch (mit dem Fernglas) auf den Wildreichtum, der sich an der üppigen Flußvegetation labt.

6

1

2

Lagerleben. Luftaufnahme von Letaba **(1)**, das in der Mitte des Krüger-Nationalparks, an der Gabelung drei wichtiger Straßen und jenseits einer schwungvollen Krümmung des großen Letaba besonders günstig gelegen ist. Von den hübschen Terrassen des Lagers kann man leicht Elefanten, Büffel, Zebras, Flußpferde, Krokodile und zahlreiche Antilopenarten wahrnehmen. Die zwar schlichten Rundhäuser **(2)** sind jedoch bequem und mit dem Nötigsten für die Zubereitung von Speisen ausgestattet, auch ein Restaurant ist vorhanden.

3

4

5

6

7

Skukuza, das größte der Lager im Krügerpark, bereitet den Besucher durch aufwendige Ausstellungen **(3)** auf die Wildnis vor.

Den Höhepunkt eines Aufenthalts im privaten Sabi-Sand-Naturschutzgebiet bildet das Abendessen im *boma* **(4)** der Mala Mala-Hütte, ebenso aufregend wirkt der Anblick des Wilds vom offenen Land Rover **(5)**. Die privaten Schutzgebiete gestatten dem Besucher jedoch auch, sich einmal "primitiv zu geben", und in Timbavati genießt man das Frühstück im Busch **(6)** in der Nähe der Tanda Tula-Hütte, während sich Wanderer vom Zeltlager M'Bali **(7)** in Umbabat auf den Weg machen.

1

2

3

4

5

6

Giraffen (**1**) nimmt man im Südteil des Krüger-Nationalparks häufig wahr, besonders in der Nähe der Lager Satara und Crocodile Bridge. Diese Langhälse kennen nur einen Feind: den Löwen. Trotz ihrer Größe (Höhe: bis zu sechs Metern, Gewicht: bis zu 1,5 Tonnen) verstehen sie sich gut auf die Kunst der Tarnung und verschmelzen mit der vielfarbigen Umgebung. Zu den kleineren Arten des Krüger-Nationalparks gehören das Eichhörnchen (**2**) und der Cabanis-Weber (**3**), der geschickteste aller Nestbauer. Unter den vielfältigen Antilopenarten des Parks ist der Ellipsenwasserbock (**4**) mit seinem zotteligen, grauen Fell und typischer Ellipse, und die Pferdeantilope (**5**), die zu den seltensten Arten des Parks zählt. Krokodile (**6**) kommen in den Flüssen zahlreich vor und bedeuten für durstiges Wild eine ständige Gefahr.

Bärenpaviane **(1)** gibt es nicht nur überall im Krüger-Nationalpark, sie sind im ganzen Lande keine Seltenheit. Das neugierige, schlaue Tier bestiehlt manchmal sogar die Autos der Besucher.

Im Park leben ungefähr 25 000 Büffel **(2 & 5)**, eine beruhigende Zahl, wenn man bedenkt, daß die Art vor acht Jahrzehnten fast an den Folgen der Rinderpest ausstarb. Das friedlich aussehende Tier wird äußerst gefährlich, sollte man es verwunden oder stören. Die großen Raubtiere nehmen es nicht einmal so leicht mit dem Büffel auf, droht der Herde aber trotzdem Gefahr, bildet sie einen Kreis mit nach außen gerichteten Hörnern.

Das Blaue Gnu **(3)** ist ebenfalls verhältnismäßig vielzählig, wie auch der Weißrückengeier **(4)**, ein gieriger Aasfresser, der auftaucht, sobald ein Tier verendet. Weißrückengeier legen im Sommer ein einziges Ei, das abwechselnd von beiden Eltern ausgebrütet wird.

1

2

5

3 4

1

2

3

4

Zu den liebenswertesten aller Geschöpfe gehören die Elefanten, die im Krüger-Nationalpark häufig eine Verkehrsstockung verursachen, während sich eifrige Photographen um sie drängen **(1)**. Obwohl alte Bullen manchmal zu Einzelgängern werden, leben Elefanten gesellig in Familienverbänden – eine Kuh mit ihrer Nachzucht – und tun sich darauf zu Herden zusammen **(2 & 3)**.

Mit ihrem gewaltigen Appetit und der Neigung, ihr Weidegelände zu verwüsten (manchmal stoßen sie ausgewachsene Bäume um, nur, um an einige saftige Triebe zu gelangen), vernichten sie nicht allein die Landschaft, sondern schaden auch der eigenen und der Existenz anderer Arten. Die in einem Gebiet lebende Zahl darf also nicht überstiegen werden, deshalb schießt man auch nach den jährlichen Zählungen einige der Tiere aus. Das auf lange Sicht geplante Programm setzte die Zahl des Elefantenbestands im

5

Krüger-Nationalpark auf ca. 7 500 fest. Die meisten Tiere halten sich in der mit Mopane bestandenen, nördlichen Gegend auf, da diese Vegetation ihnen besonders zusagt. Hier macht sich ein ausgewachsener Elefant über einen jungen Baum her **(5)**.

Diese gesellig lebenden Riesen der Savanne halten sich oft in Wassernähe auf, denn wie ihre anderen Bedürfnisse, ist auch ihr Wasserverbrauch groß: das ausgewachsene Tier benötigt ungefähr 130 Liter. Familienverbände nimmt man oft an den Flüssen des Krüger-Nationalparks wahr, zu denen auch der Letaba gehört **(4)**.

Die langen Stoßzähne der Elefanten des Parks sind außergewöhnlich, man zählte bereits mehr als 20 Bullen, deren Stoßzahn oder Stoßzähne über 50 kg wogen. Ein besonders herrliches Exemplar, der verendete und betrauerte Mafunyane ("Der Reizbare"), hätte unter Wilderern als besondere Trophäe gegolten: seine Stoßzähne wogen ungefähr 50 kg.

1

2

3

4

5

Die einsame Straße zwischen Ficksburg und Fouriesburg **(1)** wird zum Sinnbild der öden, dünn besiedelten, hügeligen Steppenlandschaft des Oranjefreistaats. Hier liegt die Kornkammer des Landes, denn ungefähr 30 000 Farmen stehen unter Weizen und Mais, während die Schaf- und Rinderzucht von ähnlicher Bedeutung ist. Viehversteigerungen, wie diese in Heilbron **(2)**, gehören zu den wichtigsten Ereignissen auf dem Jahresprogramm des Farmers. Da Wasserknappheit herrscht, muß das kostbare Naß mit dem Windmotor **(3)** tief aus der Erde heraufgeholt werden.

Bethlehem **(4)**, vor der Kulisse der Sandsteinhügel – Ausläufer der Malutiberge – gilt als typisches Landstädtchen des Oranjefreistaats: saubere, schlichte Häuschen, die sich um die Hauptstraße und die Niederdeutsch-Reformierte Kirche drängen, umgeben von einer graubraunen, unendlichen, baumlosen Landschaft. Wenn es regnet, sprießen bald grüne Triebe, wie hier um einen Sotho-*kraal* in den Rooibergen **(5)**.

Bloemfontein, die einzige Großstadt des Oranjefreistaats, ist der Sitz der Rechtssprechung der Republik. Sie wurde 1846, acht Jahre nach dem Beginn des Großen Trecks gegründet, als bereits Siedler aus der Kapkolonie zu Tausenden den Oranje auf der Suche nach Neuland überquert hatten. Anfänglich ging es sehr bescheiden zu: die Verwaltung hatte ihren Sitz im *Raadsaal* **(3)**, ursprünglich ein einfaches, strohgedecktes Gebäude, im Vergleich wirkt das schlichte *hartbeeshuis* **(2)** auf dem Gelände der Ou Presidentie aber noch bescheidener. Es entstand nach dem Muster eines Farmhauses, das die Familie Brits hier, auf den Fundamenten der Stadt, bewohnt hatte. Vom nahegelegenen Naval-Hügel überblickt man das Stadtzentrum mit seiner modernen aber größtenteils einfallslosen Architektur **(5)**. Einige, etwas imposanter wirkende Gebäude mit eleganten Proportionen, wie das Afrikaanse Literaturmusem **(1)**, gehören jedoch auch zum Stadtbild.

Obwohl im Oranjefreistaat die Landwirtschaft die größte Rolle spielt, gibt es hier auch Schwerindustrie. So wurde zum Beispiel in den 1960er Jahren in einem gewaltigen Kohlegebiet südlich des Vaals die Sasolburg-Anlage **(4)** von der South African Oil and Gas Corporation erstellt, die Öl aus Kohle gewinnt. Etwas früher entstanden die riesigen Goldbergwerke um Welkom, einer Stadt, die erst 1947 gegründet wurde und bereits 150 000 Einwohner hat. Der Fortschritt schadet der Natur nicht unbedingt in jeglicher Hinsicht: an dieser Pfanne (das Wasser wurde aus dem Bergwerk gepumpt) kann ein Flamingoschwarm friedlich weiden **(6)**.

1

2

3

4

5

6

1

Der Golden Gate Highlands-Nationalpark, einer der 14 Nationalparks Südafrikas, erstreckt sich über fast 5 000 Hektar im wilden Sandsteinhochland des Oranjefreistaats. Der Park liegt 360 Kilometer südlich von Johannesburg und erlangte durch die eigenartigen Formation und Farben – die teilweise tatsächlich golden sind – Berühmtheit. Unvergeßlich bleiben die Sandsteinformationen wie Brandwag Rock **(1)** und die Mushroom Rocks **(3)**. Hier kann man sich auch der vielfältigen und bunten einhei-

2

mischen Flora erfreuen (z.B. Feuerlilie, Aronstab, Flamingoblume und Watsonia), ebenso der reichen Vogelwelt (Raubvögel, zu denen der seltene Bartgeier gehört, sind besonders erwähnenswert). Der Park bedeutet das Paradies für Bergsteiger, Reiter und Wanderer, vor allem der Rhebuck-Wanderpfad (2 Tage) ist sehr beliebt **(2)**.

Hier fand auch das Weißbartgnu **(4)**, das man leicht an seinem weißen Schwanz erkennen kann, eine Heimat. Die Bezeichnung "Gnu", die entstellte Form eines Wortes der Hottentottensprache, soll das Pfeifen nachahmen, das es ausstößt, sobald es aufgeschreckt wird.

3

4

5

Auch in ländlicher Umgebung hat Brandwag Lodge **(5)** dem verwöhnten Besucher viel zu bieten: ein gutes Restaurant mit Cocktailbar, luxuriöse Doppel-und Einzelzimmer, sowie vollkommen eingerichtete und ausgestattete Chalets für Familien.

Der größte Fluß Südafrikas und der wichtigste Wasserspender in einem sonst trockenen Land ist der Oranje, der hoch oben in den Drakensbergen entspringt und auf seinem Weg zur Mündung im Atlantik 2 000 Kilometer zurücklegt. Den im allgemeinen dürren nördlichen Gebieten der Karru, des Buschmannlandes und des nordwestlichen Kaplandes bringt er kostbares Naß. Die 374 Quadratkilometer große Hendrik-Verwoerd-Talsperre ist der bedeutendste Speicher des Flußwassers. Ausgedehnte Gebiete des Oranjefreistaats können so bewässert werden, während zwei Tunnel (89 km und 52 km) dem Fischfluß und Sundays River im Süden dringend notwendige Wasservorräte zufließen lassen. Der an der Talsperre gelegene Ferienort **(6)** erfreut sich großer Beliebtheit.

6

1

2

3

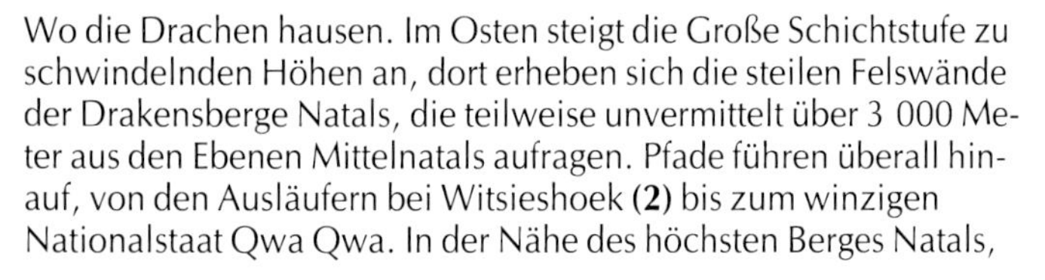

Wo die Drachen hausen. Im Osten steigt die Große Schichtstufe zu schwindelnden Höhen an, dort erheben sich die steilen Felswände der Drakensberge Natals, die teilweise unvermittelt über 3 000 Meter aus den Ebenen Mittelnatals aufragen. Pfade führen überall hinauf, von den Ausläufern bei Witsieshoek **(2)** bis zum winzigen Nationalstaat Qwa Qwa. In der Nähe des höchsten Berges Natals, Mont-aux-Sources (3 282 Meter), entspringt der Tugela. Nachdem er sich einen Weg durch die oberen Hänge gebahnt hat **(3)**, stürzt er jäh 600 Meter an der Randstufe in die Tiefe, fließt vor der Kulisse der Felsvorsprünge des Amphitheaters **(1)** durch den herrlichen Royal-Natal-Nationalpark und schlängelt sich darauf 250 Kilometer weiter durch oft dürre Landschaft bis zur Ostküste. Zahlreiche Bergsteiger

4

5

betrachten die Ersteigung der Gipfel des Amphitheaters als besondere Herausforderung, vor allem, wenn es um Eastern Buttress und seinen Vetter Devil's Tooth geht **(4)**. Die Naturparks in Natal bieten bequeme, aber anspruchslose Unterkunft, und in dieser Hinsicht ist das Lager Tendele **(5)** keine Ausnahme.

1

2

3

Im Süden des Royal Natal-Nationalparks erheben sich einige besonders stolze Gipfel: Mnweni oder "Fingerplatz", allgemein unter dem Namen Rockeries (3 116 Meter) bekannt, und eine Reihe von Berghöhen, die sich weiter nach Osten hin erstrecken: Cathedral, Bell, Outer Horn, Inner Horn, sowie die bescheideneren Gipfel Mitre und Chessmen. Von überall hat man einen herrlichen Blick, doch kaum wie durch Map ("Landkarte") of Africa **(1)** oder zu den in winterliches Braun gekleideten Hängen des "Kleinen Berges" vor Cathedral Peak **(4)**.

4

5

In den Drakensbergen ergreift einen nicht nur der großartige Rundblick, auch Wildblumen warten überall auf den Betrachter: *Helichrysum spp.* **(2 & 7)**; *Hesperantha spp.* **(3 & 5)**; und die zarten, beige-gelben *Protea subvestita* **(6)**.

6

7

1

2

3

Am Fuße der Drakensberge Natals erstreckt sich über 35 000 Hektar das Giant's Castle-Wildschutzgebiet, ein wahres Naturparadies mit grasbestandenen Hängen und tiefen Flußtälern. Über allem thronen die aus Basalt gemeißelten Gipfel: Champagne Castle, Trojan Wall, eNjesuthi und der majestätischste aller Gipfel, die 3 314 Meter hohe "Riesenburg", Giant's Castle, hoch über dem Buschmanns River in weißer, herber Schönheit **(5)**. In dem Schutzgebiet halten sich verschiedene Antilopenarten auf, zu denen auch die würdevolle Elenantilope gehört **(1)**, die kleinere Bewohner, wie die Halsbandeidechse **(2)** und die Nachtviper **(3)** in den Schatten stellt. Besonders hübsch gelegen ist das von Wildblumen umgebene Giant's Castle-Lager: hier stehen auch Wanderern, Bergsteigern, Reitern, Forellenanglern und Vogelfreunden Berghütten zur Verfügung, Auf den hohen Bergpässen begegnet man häufig berittenen, einsamen Basothos **(4)**.

4

5

2

1

3

4

Das leuchtende Rosa der Blüte einer *Watsonia meriana* **(1)** erfreut am Sanipaß **(2)**, der sich mühsam die Schichtstufe hinaufwindet, das Auge. Der Gipfel dieser Bergstraße, der höchsten Südafrikas, liegt ungefähr 2 900 m über dem Meeresspiegel. Der Sanipaß gehört zu den wenigen Hochstraßen, die Natal mit dem bergigen Königreich Lesotho, einem Binnenstaat, verbinden.

Einst jagten und suchten die Buschmänner hier in den Ausläufern der Drakensberge Nahrung. Am Fuße des Sandsteins fanden sie in kleinen Höhlen und unter Felsvorsprüngen Schutz. Obwohl sie selbst längst verschwunden sind, lebt ihre Kunst weiter, die zu den größten Kulturschätzen des Landes zählt. An den glatten Felswänden

5

fanden sie die ideale, natürliche "Leinwand", und die hier abgebildete Jagdszene **(3)** ist Teil der zahlreichen Freilichtausstellungen in den Drakensbergen Natals. Wie es in einer solchen zeitweiligen Unterkunft der Buschmänner aussah, stellt diese Rekonstruktion in den Main Caves, Giant's Castle, dar **(4)**. Immer wieder stellen sich Bergsteiger den Anforderungen der hochragenden Felswände, will man jedoch nicht so viel wagen, dann locken noch immer genügend Abenteuer auf den Wanderpfaden, die die grasbestandenen, tieferen Hänge durchqueren **(5)**.

Zwischen sechs und sieben Millionen Stammesangehörige machen die Zulus zur größten ethnischen Gruppe im südlichen Afrika. Ihr "Heimatgebiet" KwaZulu besteht aus verschiedenen, über Natal verstreuten Territorien, die sich zwar selbst regieren, aber noch keine vollkommene Unabhängigkeit erfahren haben. Der Oberminister Mangosuthu Buthelezi und seine Regierung plädieren für einen integrierten südafrikanischen Staat, in dem die Macht geteilt, doch nicht getrennt wird. Das Land ist größtenteils überbeweidet und arm, von Bodenerosion ständig bedroht. Die bienenkorbförmigen Hütten **(3)** gelten als der Inbegriff der Zulukultur. Einrichtungen, die der zahlenmäßig starken Landbevölkerung das Leben erleichtern könnten, fehlen fast überall, deshalb muß man in vielen Fällen das für den Haushalt notwendige Wasser selbst vom Fluß holen **(1)** oder Lasten in einem mit Ochsen bespannten Schlitten befördern **(4)**. Einst waren die Zulus die stärkste und kriegerischste schwarze Nation des 19. Jahrhunderts. Trotz ihrer stolzen Vergangenheit und traditionell überlieferten Sitten und Gebräuche fielen diese bereits teilweise den Einflüssen der westlichen Industriegesellschaft zum Opfer. Der "Krieger" in Stammestracht besticht höchstens den Besucher **(2)**, die junge Frau **(5)** dagegen trägt stolz die typische Tracht, die man gelegentlich noch bei Ixopo in Südnatal sieht.

2

1

3

4

5

1

2

3

Tageslauf in KwaZulu. Eine Frau bei der Fertigung eines Fellrocks (**3**), während andere Schilfbüschel zum Dachdecken bündeln (**1**); Kinder in der Freilichtschule für Anfänger (**4**); und eine ältere Frau in Stammestracht, den hiesigen Laden besuchend (**5**). An die hügelige Landschaft in der Nähe der Grenze zur Transkei schmiegen sich Hütten (**2**).

4

5

In Natal läßt sich das Erbe der Engländer kaum verleugnen, aber besonders in den ländlichen Gebieten mit ihrem "Club" und den Polospielen **(2)** setzt man sich eisern, manchmal gar verbissen, für die koloniale Tradition ein. Erinnerungen an die Konflikte zwischen Engländern und Zulus in den 1870er Jahren **(3)**.

1

2

3

Obwohl man in Mittelnatal die Viehzucht **(4)** extensiv betreibt, gilt Zuckerrohr **(1)** seit der Ankunft (1860) des ersten der Tausenden von indischen Vertragsarbeitern doch als die beständigste Einnahmequelle Natals. Zu den lieblichsten Wasserfällen des Landes gehört der Howick-Fall **(5)** im Mgeni River, kurz bevor der Fluß sich durch das "Tal der tausend Hügel" schlängelt.

4

5

1

2

6

Die kleine, reizende Hauptstadt Natals, Pietermaritzburg **(1)**, ist in das nebelige Hochland eingebettet. Auch hier bemerkt man den starken kolonialen Einfluß, ebenso den einer außergewöhnlich großen indischen Gemeinschaft **(2)**. Zu den Sehenswürdigkeiten der Stadt zählt der Botanische Garten **(4)** mit seinem 46 Meter hohen Feigenbaum, der Platanenallee und der einheimischen und exotischen Flora.

Heutzutage verbindet eine moderne Schnellstraße Pietermaritzburg mit Durban. Wer es aber nicht so eilig hat, kann auch die geruhsamere alte Straße wählen. Sie führt durch eine herrliche Landschaft, besonders im Valley of a Thousand Hills **(5)**. Am auffallendsten ist hier der Tafelberg Natals, ein flaches, 658 Meter hohes Massiv, das vom Westen leicht zu ersteigen ist und einen unvergleichlichen Anblick bietet. Der jährliche Comrades-Marathonlauf findet auch auf dieser Strecke, der "alten Straße" statt, und er gehört zu den anstrengendsten der Welt **(6)**. Es lohnt ebenfalls, das von der Straße nicht weit entfernte Kloster Mariannhill zu besuchen **(3)**.

3

4

5

1

2

3

Der Tummelplatz Südafrikas. Durban verfügt über den größten Hafen des Landes, es ist auch seine drittgrößte Stadt, ein betriebsames Industrie- und Geschäftszentrum sowie ein wahres Urlaubsparadies. Vor allem die von der Küste weit entfernten Transvaaler wissen nach siebenstündiger Autofahrt hier die Erholung zu schätzen. Direkt am Meer reihen sich über eine 3 Kilometer lange Kette moderne Hotels, ein Aquarium, Bowling- und Spielplätze, Vergnügungsparks, Gärten, Planschbecken, Teestuben, vorzügliche Restaurants, eine Miniaturstadt (Maßstab 1:24) und Angelplätze aneinander. Dann gibt es natürlich noch die herrlichen Strände selbst, die steil zum warmen Indischen Ozean mit seinen schäumenden Brechern abfallen.

4

5

1

2

3

4

5

6

7

Durban ist natürlich für den Fremdenverkehr geradezu bestimmt, und während der Saison strömen Besucher aus dem Inland herbei, auf See, Sonne und Spaß erpicht. Im Vergnügungszentrum am Strand **(1 & 3)** und auf den Rutschbahnen der Waterworld **(2)** mangelt es bestimmt nicht am Vergnügen. Obwohl die Stadt auf die Bedürfnisse des Massentourismus eingestellt ist, gibt es jedoch auch luxuriöse Unterkünfte **(4)** für wohlhabendere Gäste. Rikschas **(5)** werden von Zulus in Phantasiekostümen, die wenig mit der Stammestracht zu tun haben, gezogen und gehören ebenso zum Stadtbild, wie Zuckerwatte und Eis **(6)** oder die Handarbeiten der Zulus **(7)**.

Der Durbaner Hafen **(1-4)**. Die Bucht ist fast gänzlich von Land umgeben, und bis zur Jahrhundertwende verhinderte die schmale Einfahrt, die eine wandernde Sandbank obendrein unsicher machte, daß Hochseeschiffe den Hafen anliefen. Heute schlägt man aber in dem Hafen die Hälfte aller auf dem Seewege beförderten Güter um. Hier befindet sich auch der Royal Natal-Segelklub. **(3)**

Über das Geschäftszentrum wacht das im spätviktorianischen Stil erbaute Rathaus **(5)**, während man der alten Queen selbst **(8)** in einem benachbarten Park ein Denkmal gesetzt hat. Wahrscheinlich hätte sie die beiden, auf einen Bus wartenden Punker **(6)** nicht sehr spaßig gefunden. Das Rathaus verfügt nicht nur über eine ausgezeichnete Bibliothek, eine

1

2

3

4

5

Kunstgalerie, ein Museum (in dem man u.a. das vollkommenste, noch erhaltene Skelett des ausgestorbenen Dodos bewundern kann), und einen Zuschauerraum mit 2 500 Plätzen. Die Blumenverkäufer vor dem Postamt **(7)** verschönern die Stadtmitte mit der Farbenpracht ihrer Waren.

6

7

8

In Durban bestehen östliche, westliche und afrikanische Kultur nebeneinander – eine einmalige Mischung, dynamisch oder gar brisant. Ein flüchtiger Blick genügt: die Grey Street-Moschee **(1)**, die größte der südlichen Halbkugel (das hohe, weiße Gebäude im Hintergrund ist das neue Holiday Inn am Meer); auf dem städtischen Markt **(2)**; Gewürzverkauf im Orientalischen Basar **(3)**; Hindutrauung **(4)**; Golf im Klub auf dem Lande **(5)**; Schachspiel im Medwood-Garten **(6)**; Boxkampf am Sonntagnachmittag **(7)**; und begeisterte Fußballfreunde **(8)** im Stadion bei Umlazi, einer der schwarzen Satellitenstädte Durbans.

1

2

3

4

5

6

7

8

1

2

3

4

Kehrt man Durban den Rücken und fährt auf der Nordküstenstraße landeinwärts, liegen zahlreiche Städtchen und hübsche Ferienorte vor einem. Doch verändert sich die Landschaft unvermittelt, sobald man sich im Bereich der Schutzgebiete Zululands befindet, die einander an Schönheit und Wildreichtum übertreffen. Diese Feststellung wird besonders in St Lucia bestätigt, einer gewaltigen Seenplatte, die von Küstenwäldern und Dünen gesäumt ist. Wildarten gibt es hier in Hülle und Fülle, und der Besucher kann diese aus nächster Nähe betrachten: Flußpferde, Krokodile, Flamingos und Pelikane **(1)**. Zu den zahlreichen Lagern gehört auch das malerische Charter's Creek **(2)**, eine Reihe freistehender Rondavels und Häuschen. Das Angeln **(3)** ist hier eine besondere Freude, deshalb zieht es Angelsportler aus dem ganzen Land in dieses Gebiet, auch wenn das wahre Anglerdorado nördlich von St Lucia, an der Sodwana Bay **(5)** liegt. Unter den kleineren Lebewesen der Küste Zululands findet man auch Winkelkrabben wie die hier abgebildete **(4)**.

5

1

2

3

Hinter der Küste liegt das berühmte Umfolozi-Naturschutzgebiet, das seinen Namen dem Schwarzen **(4)** und Weißen Umfolozi verdankt. Der Name Umfolozi bedeutet "Zickzack", und man sieht die Berechtigung dieser Bezeichnung ein, wenn man den schlängelnden Lauf der zwei Flüsse betrachtet, bis sie endlich in diesem unverbildeten Land ineinander münden. Umfolozi brüstet sich nicht nur mit dem größten Bestand der Welt an Weißen Nashör-

4

nern, hier trifft man auch das Schwarze an **(6)**. Löwen **(1)** fühlen sich an diesem Standort ebenso wohl wie das stattliche Nyala **(3)**, das weiter südlich nicht mehr gedeihen könnte. Zu den Vertretern der schillernden Vogelwelt gehört der Hagedasch-Ibis **(2)**, dessen heiserer Schrei morgens und abends die Luft erfüllt. Er ernährt sich hauptsächlich von Insekten, aber die Feuerheuschrecke **(5)** hat dank ihres unangenehmen Geschmacks nichts zu fürchten.

5

6

Zum Mkuzi-Wildschutzgebiet im Norden, wo Fauna und Flora einander an Vielfalt zu überbieten scheinen, führt eine Pforte in den Lebombobergen. Gewaltige Eselsfeigenbäume **(2)** zeichnen den Park ebenso aus wie die zahlreichen Wasserläufe und flachen Süßwasserpfannen, an denen die Bewohner des Schutzgebiets sich laben können: Gepard **(1)**, Graureiher **(3)**, Jacana **(4)** und das Weiße Nashorn **(5)** teilen diesen Standort mit vielen anderen.

1

2

3

4

5

Ehemals war das Weiße Nashorn überall in Afrika zu Hause, die territoriale Expansion im 19. Jahrhundert, die willkürliche Jagd auf die Tiere, die den Jäger und Wilderer in gleichem Maße zu fürchten hatten – fälschlicherweise schreibt man dem Horn aphrodisische Kräfte zu – dezimierten die Zahlen derart, daß die Art auszusterben drohte. Um die Jahrhundertwende zählte man nur noch 30 Tiere, die sich in das 250 Quadratkilometer große Gebiet zwischen den zwei Armen des Umfolozi im Zululand geflüchtet hatten. Der Vernichtung wurde nach der Proklamierung des Umfolozi-Wildschutzgebiets endlich Einhalt geboten. Das behördliche Eingreifen rettete die Tiere, und ihre Zahlen mehrten sich so stark, daß sie ihren Standort zu verwüsten begannen. Lähmende Drogen und verbesserte Fangmethoden gestatteten es aber dem Parkrat Natals, die Schwergewichtler zu "exportieren" und sie Gebieten zuzuführen, wo sich ihre Reihen gelichtet hatten, wie Mkuzi, Krüger-Nationalpark u.a. Bis 1980 fanden so weit über 3 000 Weiße Nashörner eine neue Heimat.

Die Msinga-Wasserstelle in Mkuzi gehört mit einer anderen zu den Plätzen des Wildschutzgebiets, wo man das Wild von einem bequemen Versteck aus beobachten kann **(3)**. In der Kühle des frühen Morgens und späten Abends wird die Geduld des Wartenden am ehesten belohnt, da die Tiere dann zum Wasser kommen, um ihren Durst zu löschen. Unter ihnen nimmt man Nyala **(1)**, Warzenschwein **(2)** und Zebra **(4)** wahr. Auch zahlreiche Vögel besuchen die Wasserstellen, Sumpfvögel finden aber kaum einen idealeren Standort als die riesige Nsumupfanne **(5)** am Zusammenfluß des Mkuzi und des Umsunduzi.

1

2

3

4

5

1

2

3

4

5

6

Ndumu **(1-6)**, das nördlichste Schutzgebiet Zululands, liegt 500 Kilometer von Durban entfernt an der Grenze zwischen Südafrika und Moçambique. Den Mangel an Größe macht das Gebiet durch Format wett: ein verschlungenes Netz herrlicher Süßwasserpfannen durchkreuzt hier die Flutebene Ndumus. Zu ihnen gehört Nyamithi **(6)**, wo man bereits 393 Vogelarten verzeichnete, u.a. tropische Arten, die hier den südlichsten Punkt ihrer Wanderung erreicht haben. Der Goliathreiher **(5)** ist in Ndumu und anderem Sumpfgelände kein seltener Gast, trotzdem versetzt seine Größe immer wieder den Besucher in Erstaunen, da ein ausgewachsener Vogel 1,4 Meter groß werden und eine Flügelspanne von ungefähr 1,2 Metern erreichen kann. Es ist deshalb nicht weiter verwunderlich, daß Vogelfreunde aus aller Welt sich hier versammeln, doch auch für Botaniker lohnt sich die Reise, denn zu den zahlreichen Pflanzenspezies gehört auch *Encephalartos feros* **(1)**, eine uralte Zykadazee, die als lebendes Fossil die Erde bereits seit über 200 Millionen Jahren bewohnt. Im Vergleich dazu wirken die imposanten Eselsfeigenbäume wie Neulinge **(4)**.

Der Kontrast zwischen den unberührten Schutzgebieten Zululands und der nicht abreißenden Kette beliebter Küstenkurorte zwischen Süd-Durban und der Transkeigrenze tritt scharf hervor. Hier liegen Margate **(3 & 5)** und Ramsgate **(4)**, die dem Urlauber wirklich alles bieten können: mit Hainetzen geschützte Badestrände, herrliche Brecher, günstige Angelplätze **(1)** und zahllose Restaurants. Sucht man aber Ruhe, dann ist ein Tagesausflug zur Oribischlucht die gebotene Lösung. Hier hat sich der Umzimkulu ein tiefes Bett in die Hügelketten gegraben und zur Schönheit der

1

2

3

5

4

eindrucksvollen Landschaft beigetragen, wie es die hochragenden "Mauern von Jericho" beweisen **(2).**

Jenseits der Grenze befindet sich das Wild Coast-Spielkasino, ein dem Sun City ähnlicher Komplex, der auch über einen weltberühmten Golfplatz **(6)**, einen See **(7)** und ein Luxushotel **(8)** verfügt. Die Transkei, ein Nationalstaat, ist an Bodenschätzen arm und deshalb stark vom Fremdenverkehr abhängig, um das Etat ausgleichen zu können.

6

7

8

Die Transkei ist ein armes Land, dessen hauptsächlich ländliche Bevölkerung sich schlecht und recht durch die Bewirtschaftung des ausgemergelten Bodens durchzuschlagen sucht. Von der Hauptroute, die durch das Inland an der Hauptstadt Umtata vorbeiführt, zweigen einige ungemütliche Schotterstraßen zu den entfernten Küstendörfern ab. Sie schlängeln sich durch die langen Hügelketten mit ihren weißgetünchten Xhosahütten **(1)**, wo man noch stolz die Stammestracht trägt und die älteren Frauen selten die typische lange Pfeife verschmähen **(2)**. Unvermittelt hört das gemächliche Auf und Nieder der Landschaft auf, und vor dem Betrachter tut sich ein Naturwunder auf, die Wilde Küste, die allen etwas bietet: Wanderern eine Herausforderung **(5)**, anderen Urlaubern das einfache Leben. An dieser einsamen, außergewöhnlich schönen Küste mit ihren jungfräulichen Stränden, Flußmündungen und steilen Klippen meißelten die Elemente phantasiereiche Formationen aus dem Gestein: Cathedral Rock **(3)**, Fallen Idol **(4)** und Waterfall Bluff **(6)**, wo man sich zwischen der Felswand und dem ins Meer stürzenden Wasserfall ergehen kann.

1

2

3

4

5

6

Das zu beiden Seiten der Flußmündung des Buffalo gelegene, ruhige und gemütliche East London zwängt sich zwischen die Grenze der Transkei im Osten und der Ciskei im Westen. Der einzige Flußhafen Südafrikas **(1 & 2)** dient der Ausfuhr von Zitrusfrüchten, Erzen und Wolle, während hier auch die für den Oranjefreistaat bestimmte Fracht umgeschlagen wird. In der unmittelbaren Umgebung verbinden sich eine Reihe sandiger Strände – der Orientstrand soll Schwimmern die größte Sicherheit bieten, wogegen Eastern **(7)** bei Wellenreitern und Anglern **(4)** besonders beliebt ist – mit den steinigen Wällen der Tidebecken **(3)**. Sogar im Geschäftszentrum, das von

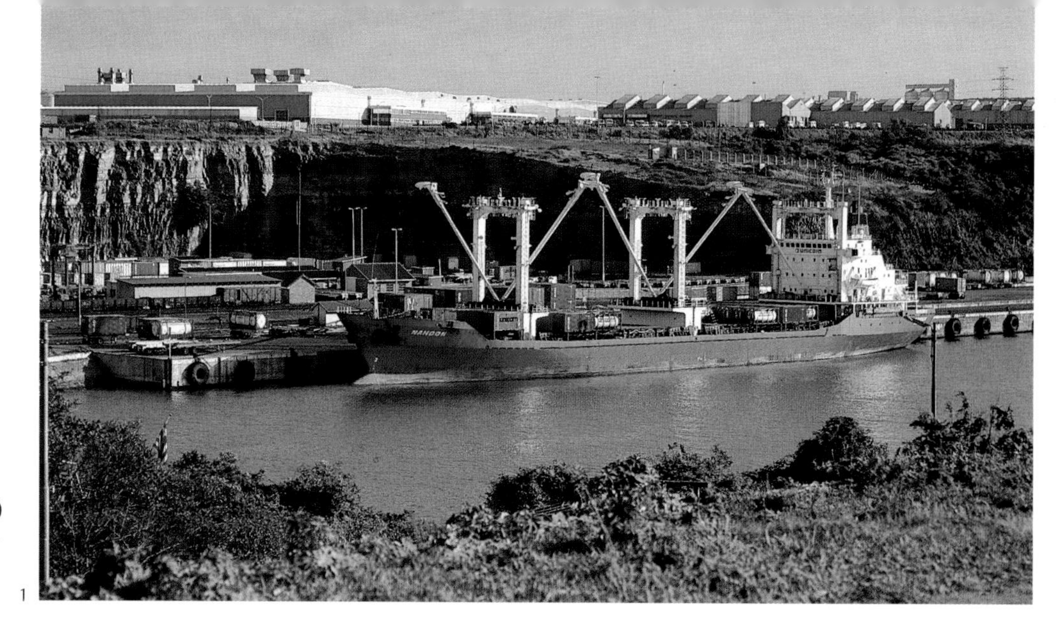

1

2

3

4

5

6

7

dem stattlichen Rathaus mit seinem Ehrenmal **(6)** für die während des Burenkrieges gefallenen Kolonialstreitkräfte bewacht wird, geht es gemütlich zu. Weiter im Inland, 70 Kilometer von East London entfernt, liegt das auf den Ruinen einer Missionsstation 1835 gegründete King William's Town, das ehemals als entferntes Garnisonsstädtchen ins Leben gerufen wurde. Aus Quadern erstellte man in King William's Town zahlreiche Gebäude (überhaupt schätzte man in der östlichen Kapprovinz dieses Baumaterial), und eine Reihe stabiler alter Bauten, u.a. die 1856 erbaute Holy Trinity Kirche **(5)**, überdauerten die Zeit.

Im Herzen des englischen Sprachraums in Südafrika liegt Grahamstown, über dem der Turm der St Michael und St Georg-Kathedrale **(1)** thront. In diesem Gebiet nämlich, dem Schauplatz vieler blutiger Grenzkriege, siedelte man ungefähr 4 000 englische Einwanderer an, die als "Puffer" zwischen der Kapkolonie und den xhosasprachigen Stämmen im Osten fungieren sollten. Die Statue **(2)** ist Teil des zu Ehren der 1820er Siedler errichteten Denkmals, das von der Höhe des Gunfire Hill die Stadt überblickt.

1

2

3

4

5

Im frühen 19. Jahrhundert gründete man Grahamstown als Garnisonsstadt, und bereits im April 1819 bestand es die Feuertaufe, als fast 10 000 Xhosakrieger den Außenposten bedrängten. Wie diese Krise überstand die Stadt auch andere, und im Laufe der Jahre eignete sie sich einen friedvolleren, viktorianischen Charakter an, den man heute noch bemerkt **(3)**. Natürlich kennt man Grahamstown als die "Siedlerstadt", doch bestehen andere Beinamen auch mit Berechtigung. Mit ihren mehr als 40 Kirchen nennt man sie gern die "Heiligenstadt", während das an zahlreichen Schulen und der Universität Rhodes verkündete Wissen zu dem Namen "Schulstadt" führte **(4)**.

Auch die um Grahamstown verstreuten Städtchen und Dörfer können ihr englisches Erbe nie verbergen, das beweist vor allem Bathurst, wo es sogar eine "Pig 'n Whistle"-Bar gibt **(5)**. Von hier aus gelangt man nach Port Alfred am Kowie **(7)**, einem stillen, hübschen Kurort, dessen herrliche Küste besonders unter Muschelsammlern bekannt ist, da hier bereits 1 800 verschiedene Muschelarten verzeichnet wurden. Ein typischer Anblick in der östlichen Kapprovinz **(6)**: gefällige Hügelketten, deren einsame Straßen sich immer wieder nach sich selbst "umzuschauen" scheinen.

6

7

Die Geschichte Port Elizabeths beginnt im Jahre 1799, als die neue englische Regierung an den Hängen der Algoabucht Fort Frederick erbaute, das die entfernte Grenze der Kapkolonie überwachen sollte. An diesem einsamen Strand landeten 1820 die Siedler. Heute gilt Port Elizabeth als Wirtschaftszentrum des Ostkaplands, das auf seine Industrie und den Hafen stolz ist (**3** und **4**). Trotz der Bedeutung der Industrie schätzt man Port Elizabeth als freundliche Stadt, die dem Besucher viel zu bieten hat: geschützte Strände,

1

2

3

4

5

6

7

eine öffentliche Bibliothek (**2**) und Reihen viktorianischer Siedlerhäuser (**5**), doch auch einen Schlangenpark (**1**). Nebenan liegt das Museum und ein Ozeanarium.

Besonders lohnt sich aber ein Tagesausflug zum Addo-Elefanten-Nationalpark (**6**), wo sich der versprengte Rest der einst gewaltigen Elefantenherden des Kaplands aufhält. An dieser Stelle wurde zu Beginn des Jahrhunderts der ungleiche Kampf zwischen Farmer und Wild ausgetragen. Die Überlebenden — kaum mehr als zehn Elefanten — flüchteten in die unzugängliche "Jägerhölle" zwischen Zuurberg und Sundays River, wo sie eine neue Heimat fanden. Die heutige Population des Parks übertrifft andere afrikanische Reservate um das Dreifache.

Im Südwesten Port Elizabeths erstreckt sich die St. Francisbai. Sandstrände, Kur- und Ferienorte (**7**) wechseln einander ab. Von Port Elizabeth aus führt die Straße bei Humansdorp, dem Tor zur Gartenstraße, an grünenden Feldern vorbei (**8**).

8

Die 230 Kilometer lange Gartenroute (Gartenstraße) des Kaplandes, vom Storms River und Tsitsikamma-Nationalpark im Osten und nach Mossel Bay im Westen, zählt zu den herrlichsten Küstenstraßen der Welt.

1

2

3

4

5

6

Strände und Buchten, imposante Felsen, Hügel und Täler der Gebirge, wechseln ständig mit dem satten Grün der Wälder ab. "Die Blumen gedeihen hier zu Millionen, die Mischung angenehmer Düfte, die sie verbreiten, ihre Farben, ihre Vielfalt, die reine und frische Luft, die man hier einatmet, all diese Eindrücke bringen einen zu der Einsicht, daß die Natur an dieser wunderschönen Stelle einen zauberhaften Aufenthaltsort geschaffen hat", sagte François le Vaillant. Alle Dinge scheinen hier von diesem Zauber befangen zu sein: *Erica chloroloma* (**1**): ein riesiger Gelbholzbaum (**2**) im Grootrivier-Paß; der Helmturako (**3**), den man zwar selten gewahrt, aber dessen schriller, hallender Schrei den Wald erfüllt; der grelle *Pycnoporus cinnabarinus* (**4**); im Spinngewebe eingefangener Tau (**5**); der allgegenwärtige Klippschliefer (**6**); die Nature's Valley-Lagune (**7**); beim Zeltaufschlagen im Tsitsikammaküste-Nationalpark (**8**); und ein Pavian, der sich im Wipfel einer hohen *Strelitzia* (**9**) niedergelassen hat.

7

9

8

1

2

Innerhalb des vergangenen Jahrzehnts verwandelte sich das verschlafene Dörfchen Plettenberg Bay in eine geschäftige Stadt, in der es während der Sommersaison vor Kurgästen von der Küste und dem Inland wimmelt. Eßlokale gibt es in Hülle und Fülle **(2)**, doch auch das auf einer Landzunge in der Bucht gelegene Beacon Isle, ein attraktiver Komplex mit Hotel und Teilnehmersystem **(1)**. Für den weniger Anspruchsvollen hat "Plett" einen weit ausladenden Sandstrand und die Lagune am Bietou River **(3)**, wo man beim Angeln häufig Glück hat, doch auch geschützt baden und wellenreiten kann, da der Robberg, ein hohes rotes Sandstein-Vorgebirge, die Bucht bewacht.

3

1

Westlich von Plettenberg Bay führt die Küstenstraße zu dem 30 Kilometer entfernten, hübschen Städtchen Knysna, das an einer riesigen Lagune gelegen und im Inland von dichten, düsteren Wäldern und fruchtbaren Feldern umgeben ist **(7)**. In einer Landschaft, die im ganzen mit besonderer Schönheit gesegnet ist, entzückt einen trotzdem der Anblick der "heads", einer Landspitze aus Sandstein, die die enge Einfahrt zur Lagune bewacht **(1)**. Dort **(3 & 4)** tummeln sich Angler, Taucher, Segelfreunde und Windsurfer.

Man kann kaum über die Geschichte Knysnas berichten, ohne den Namen George Rex zu erwähnen, der einen so wesentlichen Anteil an der Entwicklung der Stadt hatte. Rex, ein exzentrischer englischer Pionier des frühen 19. Jahrhunderts, lebte hier auf

2

3

4

5

6

7

8

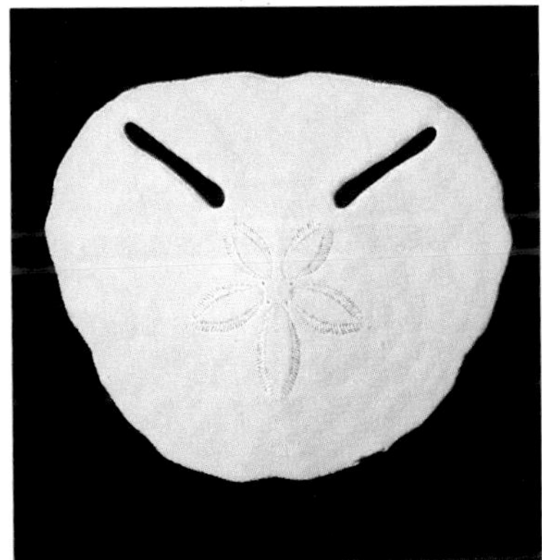

sehr großem Fuße, fast als sei er Aristokrat oder gar von königlichem Geblüt. Als er auf seiner Farm Melkhoutkraal die letzte Ruhe fand **(2)**, hinterließ er eine große Familie und zahlreiche Legenden.

Eine weitere, selbst ausgedehntere Seenplatte befindet sich zwischen Knysna und Wilderness. Hier fanden nicht nur Vogelarten wie der Flamingo **(5)** eine Zuflucht, auch Urlauber fühlen sich an den Ufern der Seen wohl, das zeigt die Aufnahme vom Pine Lake Marina am Swartvlei **(6)**. Die zarte Stiefmütterchen-Muschel **(8)** gehört gar nicht zu den Muscheln, sondern ist das Außenskelett eines im Sand lebenden Tieres.

1

2

3

Die Gartenroute ist noch nicht am Ziel: Das Swartvlei mündet bei Sedgefield ins Meer **(1)**; durch den einheimischen Wald schlängelt sich ein von verfaulender Vegetation verfärbter Bach **(2)**; die geschützte Haroldsbucht mit ihren Ferienhäusern **(3)** und in großen Schlaufen aufgereihte, sonngebadete Strände **(4 & 5)**.

Westlich von Sedgefield und Wilderness liegt das Städtchen George, dessen imposante Niederdeutsch-Reformierte Kirche **(6)** um die Seelsorge unter der vorwiegend afrikaanssprachigen Bevölkerung bemüht ist. Ironischerweise war ausgerechnet George in Südafrika die erste, von den Engländern gegründete Ortschaft. Hier befindet sich auch ein für den Möbelbau wichtiges Zentrum **(7)**.

4

5

6

7

Von George nach Oudtshoorn führt die Straße in nördlicher Richtung durch die eindrucksvollen Outeniquaberge, deren höchster Gipfel, George Peak, 1 580 Meter hoch ist. An dieser Scheidelinie zwischen dem schmalen Küstenstreifen und der Kleinen Karru scheiterte bereits mancher Straßenbauingenieur. Heute führen vier wichtige Hochstraßen über das Gebirge, sogar der 1847 erbaute Montagupaß **(1)** ist noch immer in Betrieb. An seinem Fuße steht das alte Zollgebäude (drei halbe Pence pro Rad, wenn man über eine patentierte Bremse verfügte, 3 pennies pro Rad, wenn man gar keine hatte); und auf halbem Wege nach oben sieht man die Ruinen der alten und ehemals dringend notwendigen Schmiede.
Die Kleine Karru, ein Becken im Faltgebirge des Kaplandes, stellt eine eigenartige Welt imposanter Sandsteingebirge, tiefer Schluchten und einzigartiger Wildblumenpracht dar, wie die *Aloe ferox* mit ihren feuerroten Stacheln **(2)** zeigt. Der Boden, der fast überall

1

dürr zu sein scheint, ist doch äußerst fruchtbar. Perennierende Flüsse führen dem Gebiet Wasser von den Swartbergen im Norden, den Lange- und Outeniquabergen im Süden zu, während der Olifants zudem auf seinem schlängelndem Lauf aus der Großen Karru wertvolle Schwemmerde ablagert.

Oudtshoorn, die wichtigste Stadt der Kleinen Karru, galt als Weltzentrum des Straußenfederhandels, denn vor dem Ersten Weltkrieg waren diese Federn als Hutputz besonders beliebt, wobei man die des männlichen Vogels **(3)** vorzog. Die grünen Luzernefelder dieses Gebietes ernährten einst den Bestand von über 100 000 Vögeln, die Züchter verdienten ein Vermögen und leisteten sich protzige "Federpaläste" **(4)**. Obwohl der Boom natürlich längst vorüber ist, gibt es noch immer erfolgreiche Zuchten, wie die am Fuß der schneebedeckten Swartberge gelegene **(5)**. Auch heute werden die Federn öffentlich in der Stadt versteigert.

2

3

4

5

Zu den berühmtesten Naturwundern im südlichen Afrika gehören die beschwerlichen, unterirdischen Gänge und Kammern der Kango-Tropfsteinhöhlen. Zu Hunderttausenden strömen Besucher alljährlich zu den Höhlen tief in den Ausläufern der Swartberge, und fast allen verschlägt der phantastische Anblick den Atem **(1 & 2)**. Die Höhlen wurden gegen Ende des 18. Jahrhunderts

1

"entdeckt", aber zu diesem Zeitpunkt hatten sich Buschmänner schon längst an den Eingängen dieses Irrgartens aufgehalten und die Höhlenwände mit ihren wunderbaren Kunstwerken verschönt. Die 107 Meter breite Grand Hall gilt als die geräumigste Kammer.

Zwischen den Swart- und Langebergen, im Westen der Kleinen Karru, liegt das Flußtal des Gamka **(6)**, im Volksmund als "Die Hölle" bekannt. Obwohl der Boden ziemlich fruchtbar ist, bewirtschaften nur noch drei Familien dieses entlegene Gebiet. Feigen **(5)** und andere Früchte werden hier wie eh und je in der glühenden Sonne getrocknet. Die alte Wassermühle **(7)**, zwar heute außer Betrieb, erinnert an eine vergangene, ereignisreichere Zeit.

An diesem Weinberg bei Ladismith **(3)** und einer Farm im Kreis Calitzdorp **(4)** kann man die Vielfalt der landwirtschaftlichen Tätigkeit in der Kleinen Karru erkennen.

2

3

4

5

6

7

1

2

3

4

Das Dürregebiet. Geologisch gehört die Große Karru, ein sich von der Highveld-Schichtstufe im Norden bis zur Kleinen Karru im Süden erstreckendes Becken, zum Karrusystem. Dieses noch gewaltigere Gebiet tiefer Ablagerungen umschließt fast zwei Drittel des Subkontinents. Die scheinbar unendliche Landschaft, hier und da von schroffen Doloritformationen unterbrochen, wie man sie in den Bergen bei Sutherland **(1)** beobachten kann, kennt brütendheiße Tage, überwältigend schöne Sonnenuntergänge und ungewöhnlich klare Nächte. Ein Blütenteppich der vielfarbigen, widerstandsfähigen *Mesembryanthemum* **(2)** bedeckt das Erdreich im Frühjahr, während Eselskarren fast ständig auf den staubigen Schotterstraßen zu sehen sind **(5)**. Das Gebiet wird von keinen perennierenden Flüssen gespeist, Sturzregen fügen dem Boden, der nur spärlich bewachsen ist und deshalb leicht abgetragen wird, eher Schaden zu. Einer solchen Sturzflut fiel eines der wenigen, an der Nord-Südstraße gelegenen Städtchen, Laingsburg **(6)**, 1981 zum Opfer und wurde fast gänzlich zerstört. Der allgegenwärtige Windmotor zapft aber die unterirdischen Quellen an, die in der Schafzucht eine notwendige Voraussetzung sind. Schafzucht **(3)** ist mit der Karru gleichbedeutend. Heutzutage weidet hier der größte Teil der 35 Millionen Schafe des südlichen Afrikas, in Flächen, die einst gewaltige Antilopenherden, Springböcke, Elen- und Kuhantilopen bewohnten, ehe Zaun und Jagdgewehr ihre Freiheit einschränkten. Glücklicherweise fanden einige Arten in Schutzgebieten eine Zuflucht, wie im Karru-Nationalpark **(4)** bei Beaufort West.

5

6

1

2

3

4

5

Die gespenstische Schönheit des "Tales der Verlassenheit" **(1)** in der Südkarru, 14 Kilometer westlich von Graaff-Reinet. Die Stadt **(2)** verbirgt auch heute ihre belebte Vergangenheit nicht. Reizende, viktorianische Häuschen **(3)** säumen die Straßen, zahlreiche andere hat man sorgfältig restauriert. Über 200 Gebäude stehen unter Denkmalschutz, u.a. eine ganze Straße, Stretch's Court **(4)**, die jetzt zum Hotel Drosdy gehört. Östlich von Graaff-Reinet, bei Cradock, befindet sich am Nordhang des Bankberges der 6 536 Hektar große Bergzebra-Nationalpark **(7)**, in dem einer der seltensten der großen Säuger der Welt eine Zuflucht fand **(5)**. In diesem Gebiet entdeckte man auch schöne Buschmannszeichnungen **(6)**.

6

7

1

Die Gabelung der "Great North Road" bei Three Sisters **(2)**, die rechts nach Bloemfontein und links über Strydenburg und Hopetown nach Kimberley führt. Strydenburg **(3)** kann als typisches Beispiel eines sauberen, kleinen Landstädtchens in der Karru gelten. Der Name "Streitenburg" bezieht sich auf den erbitterten Streit der Einwohner, die sich auf keinen Namen einigen konnten! Das Gebiet gehört zu den wenigen, wo der Freund alter Dampflokomotiven wirklich noch diese Veteranen, in eine Dampfwolke gehüllt, durch die Landschaft schnaufen sieht **(4)**.
Bei Hopetown **(1)**, das südlich von Kimberley in der Nordkarru liegt, machte man den ersten wesentlichen Diamantenfund. 1866 hob der junge Erasmus Jacobs beim Spaziergang am Oranjeufer einen 21,25 karätigen

2

3

Edelstein auf, der später "Eureka" genannt wurde; drei Jahre darauf entdeckte man einen zweiten Diamanten, den 84karätigen "Stern Südafrikas". Diesen Juwel kaufte endgültig der Graf Dudley für beinahe 30 000 Pfund. Die Schürfer, die jetzt hierher strömten, fanden aber kaum noch wertvolle Edelsteine: die wirklichen Schätze lagen in den Kimberlit-Explosionsröhren weiter im Norden. Heutzutage bildet das hübsche Städtchen Hopetown den Mittelpunkt eines landwirtschaftlichen Gebietes, dessen Rinder, Schafe und Obstbau vom Flußwasser des Oranje abhängig sind.

Im entferntesten Westen der Karru, die an das noch trocknere Namaqualand grenzt, befindet sich in den Hantambergen bei Calvinia das Akkerdam-Naturschutzgebiet **(5)**. Oryxantilopen, Weißbartgnus und das seltene Hartmanns-Bergzebra leben hier in einer Landschaft, deren Trostlosigkeit alljährlich ein Teppich herrlicher wilder Frühlingsblumen bedeckt.

4

5

1

2

Diamanten – und zwar ungeahnte Schätze dieser Edelsteine – fand man 1870 in der Wüstenei nördlich des Oranje im "yellow ground" der Colesberg Koppie. Der Diamantenrausch, der sofort einsetzte, war einer der hektischsten des 19. Jahrhunderts. Man riß den Hügel ("koppie") förmlich auseinander, entdeckte in dem darunterliegenden "blue ground" noch größeren Reichtum, und während sich teilweise bis zu 30 000 Mann im Kimberlit ihres abgesteckten Anteils abmühten, wurde das große Loch, Big Hole **(5)**, immer tiefer. Um diesen Schlund herum entwickelte sich Kimberley, anfänglich ein recht zusammengewürfelter Haufen: Zelte, Hütten, Kaschemmen, primitive Unterkünfte. In den staubigen Straßen wimmelte es vor ungepflegten, vernachlässigten Individuen. Nachdem man sich aber zu größeren Unternehmen zusammengeschlossen hatte, ordneten sich die Verhältnisse.

Auch heute stehen die Räder in Kimberley noch nicht still **(1)**. Alle in Südafrika und Namibia gefundenen Diamanten werden, wie diese hier abgebildeten, in Kimberley im Harry-Oppenheimer-Haus sortiert, das hinter dem Digger-Springbrunnen **(3)** und dem Oppenheimer-Gedenkgarten aufragt.

Besonders beliebt ist das "lebende" Museum in Kimberley, wo Gebäude und ihre Inneneinrichtung **(2)** den Geist des alten Kimberley einzufangen versuchen. An diese Glanzzeit erinnern Melrose-Haus **(4)** und der immer noch geschätzte Kimberleyklub **(6)**, wo Cecil Rhodes vom Weltreich träumte. Weit im Südwesten Kimberleys liegt Prieska am Ufer des Oranje: die unnahbare, von Köcherbäumen bewachte Festung erinnert an den Burenkrieg **(7)**.

3

4

5

6

7

1

2

Im Mittelpunkt des Augrabies-Nationalparks, einer 9 000 Hektar großen Wildnis, die sich nahe der Namibiagrenze um den Unterlauf des Oranje erstreckt, befindet sich die Augrabies Gorge **(1)**. Durch die neun Kilometer lange und tiefe Granitschlucht zwängt sich der Fluß und stürzt an einer Stelle über eine Reihe eindrucksvoller Wasserfälle 146 Meter in die Tiefe, um sich in einem tiefen Teich zu sammeln. Zu den zwei wesentlichsten Katarakten, die beide ungefähr 93 Meter hoch sind, gehört auch der Bridal Veil-Fall **(3)**. Wenn die Wassermenge vom Hauptkatarakt ihren Höhepunkt erreicht, stürzt hier mehr als die Hälfte der Wassermenge des imposanten Viktoria-Falls hinab, aber der Anblick – am besten vom Nordufer des Flusses – ist ebenso unvergeßlich, weil das Wasser über eine schmalere Stufe fällt. Die Klippspringer Trail, ein langer, jedoch nicht besonders anstrengender Wanderweg durch den südlichen Park, erfreut sich großer Beliebtheit. Seinen Namen verdankt der Weg einer mittelgroßen Antilope (Klippspringer) **(2)**, die sich leicht und sicher in diesem felsigen Gelände bewegt. In der trockneren Buschsavanne fällt vor allem der hohe Köcherbaum **(4)** auf, den häufig das struppige Nest der Siedelweber ziert.

3

4

Ungefähr 250 Kilometer nördlich von Augrabies liegt der Kalahari-Gemsbok-Nationalpark in einer gewaltigen, roten Dünenlandschaft **(2)**. Das Schutzgebiet schließt sich an ein weiteres, noch größeres, in Botswana an, das kein Zaun versperrt. Obwohl der Park fast eine Million Hektar groß ist, kann man einen großen Teil kaum erreichen – ein wüstes Urland, in dem sich widerstandsfähiges Gestrüpp und vereinzelte Akazien **(3)** an das sandige Erdreich klammern.

Besonders im Westen täuscht jedoch die Trockenheit des Gebietes, denn der episodische Auob und die versteckten Quellen ermöglichen es zahlreichen Wildarten, hier zu leben. So hat man im Kalahari-Gemsbok-Nationalpark über 200 Vogelarten verzeichnet, auch den

1

2

3

5

Weißrückengeier (**1**), den man oft in größeren Zahlen antrifft, während er zischend und quiekend um seinen Anteil am Kadaver kämpft. Das Erdmännchen (**4**) muß ständig vor Raubtieren, besonders vor Adlern, Schlangen und Schakalen auf der Hut sein. Um sich vor der glühenden Kalaharisonne zu schützen, legt dieses kleine Nagetier den buschigen Schwanz wie einen Sonnenschirm über den Kopf, sollte die Hitze jedoch unerträglich werden, schlüpft es schnell tief hinab in seinen kühlen Bau. Die Kuhantilope (**5**) war einst eine bedrohte Spezies, da Jäger sie wahllos hinmähten, doch ist sie wieder zahlreich im Park vertreten. Ist genügend Wasser vorhanden, trinken diese Grasfresser regelmäßig, in Trockenzeiten scheinen sie aber monatelang ohne Wasser auszukommen.

1

2

3

Die uralten und größtenteils wasserlosen "Flüsse" des Kalahari-Gemsbok-Nationalparks, nämlich der Auob, der das Gebiet im Osten nach Botswana abgrenzt, und der Nossob, der vielleicht einmal in *fünf Jahrzehnten* Wasser führt, bilden die unterirdischen, für die Existenz des vielfältigen Wildbestands notwendigen Wasserquellen. Nur wer Glück hat, bekommt den scheuen Leoparden **(1)** zu Gesicht, während man hier andere Tiere mit größerer Wahrscheinlichkeit wahrnehmen kann: den Schabrackenschakal **(2)**, Springbock **(4)**, Löffelhund **(5)** und die stattliche Oryxantilope **(3)** ("Gemsbock"), die dem Park seinen Namen verlieh. Mit ihren herrlichen, langen, scharfen Hörnern verteidigt sich das Tier erfolgreich gegen jeglichen Feind, es heißt sogar, daß der Löwe in einem solchen Gefecht den kürzeren ziehen kann.

4

Auch gegen den anderen Feind, die Hitze, ist die Oryxantilope gefeit. In der schattenlosen Wüste kann die Überhitzung des Blutes leicht zu Gehirnschaden führen. Die Oryxantilope verfügt jedoch über ein feines Adernnetz in der Nase, auf dem Wege zum Gehirn fließt das Blut durch die Äderchen und wird durch diesen "Kühler" luftgekühlt.

5

Frühling im Namaqualand. Das Gebiet gehört zu den einzigen beiden wahren Wüsten Südafrikas und führt in einem terrassenförmigen, breiten sandigen Streifen die Westküste – bis zu dem einsamen Unterlauf des Oranje – hinauf. Von ungefähr Mitte August bis Mitte Oktober jeden Jahres erwecken Milliarden Blumenköpfchen die Wüstenei zum Leben. Zuerst sprießen die weißen Margeriten *(Dimorphotheca* spp.) und *Ozalis* mit all ihrer Farbenpracht hervor. Später folgen lilafarbene, wilde Aschenblumen, purpurfarbene *Lachenalia* und die berühmten roten und orangefarbenen Namaqualand-Margariten (*Ursinia* spp.).

1

2

3

4

5

In der Hochsaison, d.h., Mitte September, wenn zudem alle anderen Bedingungen günstig sind, bietet sich dem Besucher ein unvergeßlicher Anblick: ein bunter Blumenteppich, der sich bis zum Horizont erstreckt **(2)**. Betrachtet man die einzelnen Blüten aus der Nähe, wirken sie ebenso reizend: *Gazania krebsiana* **(1)**, *Ursinia* spp. **(3)**, die klassische Namaqualand-Margarite, *Drosanthemum hispidum* **(4)**, die zu der pantropischen, in Südafrika konzentrierten Mesembryanthemum-Familie gehört (man verzeichnete hier bereits mehr als 2 000 Arten) und *Cheiridopsis marlothii* **(5)**, die hügeliges Gelände vorzieht.

1

2

Die Ortschaft Steinkopf (**1**) im Namaqualand wurde ursprünglich für die Nama-Hottentotten gegründet, deren Rundhäuschen ihre Bewohner in erster Linie vor der glühenden Sonne schützen sollen, denn Wind und Regen kennt man in dieser Gegend kaum. Man befindet sich hier im Kupfergebiet, das die Nama lange vor der Ankunft der Weißen bereits kannten. Verschiedene Expeditionen, eine unter Führung des Kommandanten Simon van der Stel selbst, machten sich in den 1680er Jahren auf die Suche nach ertragreichen Flözen. Auch heute sind die Bergwerke noch in Betrieb, bei Nababiep, Carolusberg und O'Kiep werden täglich je 2000 Tonnen gefördert.

3

4

Weit im Süden Steinkopfs liegen Niuwoudtville, wo, wie so oft bei Landstädtchen, die Niederdeutsch-Reformierte Kirche **(3)** das Bild überherrscht und ca. 70 Kilometer weiter im Westen, am Rande des Namaqualandes, Calvinia **(4)**. Hier hat sich nach Harrismith im Oranjefreistaat das zweitgrößte Zentrum für die Zucht von Wollschafen entwickelt. Das Städtchen selbst liegt abgeschieden vor der Kulisse der Hantamberge am westlichen Rand der Karru.

Frühlingsblumen bieten eine willkommene Abwechslung in einer sonst unwirtlichen Landschaft **(2 & 5)**, während Windmotore für den Wasserbedarf der Farmen in einem von perennierenden Dürren heimgesuchten Gebiet sorgen.

5

1

Abweisend, einsam und doch schön erstrecken sich die vom Winde umbrausten Klippen der Westküste des Kaplandes mit ihren hochgelegenen Stränden, mit spärlicher, widerstandsfähiger Vegetation und den gelegentlichen hübschen kleinen Buchten, wie Lamberts Bay **(2)** und Doringbaai **(3)**, die der Fischereiflotte einen geschützten Hafen versprechen. Der kalte, nach Norden fließende Benguellastrom beeinflußt nicht nur das Klima und die Beschaffenheit des Landes und des Wassers, er speist auch den Atlantik in Küstennähe mit Nitraten und Sauerstoff. Die Meeresfauna und -flora kann so prächtig gedeihen, was wiederum der Fischerei des Landes und den Millionen Seevögeln zugute kommt.

Wenn der Kapkormoran **(1)** sein Nest baut, kommen ihm Pflanzenfasern ebenso gelegen wie ein ausgefranstes Kunststofftau. Bird Island, die Vogelinsel **(4 & 5)**, trägt mit Berechtigung ihren Namen, denn hier, wie auf so vielen Inseln vor der Westküste, nisten und rasten Seevögel in überwältigenden Scharen. Der zum Himmel blickende Tölpel **(6)** zeigt mit dieser Gebärde seinen Nachbarn, daß er in Frieden mit ihnen leben will.

2

3

4

5

6

1

2

3

Saldanha Bay **(2)** an der Westküste gehört zu den wenigen natürlichen Häfen an der langen Küste Südafrikas. Trotzdem zogen die ersten Siedler die wesentlich unfreundlichere Tafelbucht vor, weil dort frisches Wasser vorhanden war. Von Saldanha fährt heute eine emsige Fischereiflotte aufs Meer hinaus, die ihren Fang zur Verarbeitung in den Heimathafen zurückbringt. Auch Eisen, Mangan und andere Mineralerze der nördlichen Kapprovinz werden hier ausgeführt, während sich junge Leute in der Seefahrttsschule ausbilden lassen. Die schmale Fahrrinne erstreckt sich von Saldanha Bay nach Süden, um endlich die Langebaan-Lagune zu bilden, ein als Schutzgebiet vorgesehener Tummelplatz für Wassersportler **(3)**. Marcus Island **(1)** gehört zu dem Schutzgebiet und bietet Eselspinguinen, deren Ruf dem Eselsschrei ähnelt, eine Zuflucht. Kleinere Fischerdörfer liegen nördlich von Saldanha, wie Paternoster am Kap Columbine **(5)** und der schwungvolle, unberührte Bogen der St. Helena Bay **(4)**.

4

5

Im Inland der südlichen Westküste gibt sich die Landschaft etwas freundlicher (**1**). Bis zum Horizont erstreckt sich bebautes Land, denn in den fruchtbaren Flußtälern des Olifants gedeihen Weizen, Weintrauben und Zitrusfrüchte. Östlich von dem im Norden des Gebiets gelegenen Clanwilliam und Citrusdal im Süden steigt die Landschaft steil zu den Zederbergen an. Einige einsame Farmen verbergen sich in den milderen Tälern des Gebirges, und an den oberen

1

Hängen gewahrt man gelegentlich Ziegenherden (**2**), aber im großen und ganzen gilt diese Landschaft als eine 71 000 Hektar große Wildnis. Man darf das Gebiet nur mit schriftlicher Genehmigung besuchen, für Wanderer und Bergsteiger lohnt sich jedoch die Erledigung dieser kleinen Unannehmlichkeit, wenn sie sich endlich zwischen Felsspalten und Gipfeln an den eigenartigen Gesteinsformationen, den herabstürzenden Gebirgsbächen, der einzigartigen Flora und dem herrlichen Blick ergötzen.

2

4

3

Im Osten dieses Schutzgebietes, doch auf jeden Fall zu den Zederbergen gehörend, liegt das malerische Dörfchen Wupperal **(3 & 4)**, das die Rheinische Brüdergemeine 1830 gründete und mit einem an die Heimat erinnernden Namen belegte. In dieser sonst ruhigen Gegend bildet die emsige Arbeit in dem Dörfchen die Ausnahme: hier stellt man den *velskoen* her, einen groben Lederschuh, bereitet Tabak, sortiert und verpackt Rooibos-Tee.

1

2

3

Die gespensterhafte Welt der Zederberge, wo eigenartige, verwitterte Gesteinsformationen **(2 & 4)** das Landschaftsbild beherrschen und den Eindringling an seine Nichtigkeit erinnern. Einst zogen sich Buschmänner hierhin zurück, um zwischen den Gipfeln und Schluchten Schutz zu suchen, doch heute zeugen nur noch die empfindsamen und zarten Kunstwerke für ihre Gegenwart **(1)** und die der Tiere, die lange aus diesem Gebiet vertrieben worden sind. Zu den Überlebenden zählen viele Reptilienarten, die sich weiterhin dem urzeitlichen Sonnenbad hingeben, wie diese Felseidechse, *Pseudocordybus capensis* **(3)**.

4

1

3

Im Laufe seiner Kampagne gegen die ausweichenden Burenkommandos errichtete Lord Kitchener gegen Ende des Burenkriegs 8 000 Blockhäuser wie das hier abgebildete (**1**). Dagegen wirkt das am Fuße der Witsenberge gelegene Tulbagh (**2-5**) eher beruhigend. Es wurde 1699 gegründet, strahlte aber bereits ab 1790 die heute noch spürbare, würdevolle Atmosphäre aus. 1969 vernichtete ein Erdbeben teilweise das Städtchen, doch behob der Wiederaufbau den Schaden. Allein in der Kerkstraße restaurierte man 32 hübsche Gebäude (**4**). Mit einer solchen Ansammlung an Baudenkmälern kann kein anderer Ort Südafrikas aufwarten. Unter den eleganten Giebeln Tulbaghs findet man auch die schlichten, aber reizvollen kapholländischen Häuser (**3**).

Aus diesem Gebiet stammen die guten Weißweine des Landes. In der Drosdy erinnert eine alte Weinpresse (**2**) an eine Zeit, als die Arbeitsgänge noch nicht mechanisiert waren. Östlich von Tulbagh liegt das malerische Städtchen Ceres. Die es umgebenden Berge, wie die zwei Gipfel Mosterthoeks (**6**), sind im Winter regelmäßig schneebedeckt.

5

6

1

Berge und Täler sind ein Merkmal des südwestlichen Kaplandes, doch können sich nur wenige mit den imposanten des Hex River **(1)** vergleichen. Hier verschmilzt die Schönheit der Landschaft mit dem von den Weinbergen gewonnen Reichtum, denn fast alle zum Export bestimmten Tafeltrauben gedeihen in dieser herrlichen Umgebung.

Auch in der hügeligen Landschaft am Fuße der Berge des Südkaplandes erinnern die wogenden Weizenfelder an die Fruchtbarkeit des Gebietes **(2 & 4)**. Bei Swellendam, das sich im ertragreichen Breedetal an den Fuß der Langeberge schmiegt, entstand der Bontebok-Nationalpark, wo der inzwischen gesundete Bestand der Buntböcke **(3)** eine Heimat fand. Fast wäre das Tier in den 1930er Jahren ausgestorben, wenn sich nicht einige besorgte Farmer für ihr Wohl eingesetzt hätten. Die Zuchtherde im ersten Schutzgebiet bestand aus nur 17, doch konnte man wegen der ungeeigneten Weide und anderer Schwierigkeiten anfänglich keine Erfolge verzeichnen, bis die Tiere an ihren jetzigen Standort überführt wurden. Heute zählt man glücklicherweise über 400. Auch zahlreiche andere Tiere leben in dem Schutzgebiet, vor allem die schillernde Vogelwelt ist erstaunlich. Hier labt sich ein Malachit-Nektarvogel **(5)** an der Nadelkissenprotea (*Leucospermum cordifolium*).

2

3

4

5

Im Naturschutzgebiet De Hoop (**1**) bei Bredasdorp gedeihen 1 400 Spezies Pflanzen, von denen die meisten der einheimischen Flora (*Fynbos*) angehören. 25 dieser Arten gelten als selten oder gefährdet, ebenso wie das hier lebende Kap-Bergzebra (**6**). Das Naturschutzgebiet war bereits Anlaß für eine Auseinandersetzung, als sich um die Zukunft des Gebiets besorgte Umweltschützer gegen das Militär wandten, das es für seine Zwecke beanspruchte. Die mit Blumen bestandene Küste im Osten der Kaphalbinsel schmückt sich mit breiten Sandstränden, hübschen kleinen Buchten, Fischerdörfchen, Kurorten, Feriendörfern und Campingplätzen, die den Kapstädtern am Wochenende die Wahl erschweren. Der eine liebt Gordonsbai (**2**), das sich in den östlichen Winkel der "Falschen Bucht" (False Bay) schmiegt, der andere Pringle-

2

bai (**4**) bei Kap Hangklip oder Hermanus (**5**), ein ehemaliges Fischerdörfchen, das jetzt ein beliebter Wohn- und Kurort ist. International bekannt machten es die Wale, die sich während der Wintermonate vor der Küste aufhalten. Es handelt sich meistens um gigantische Südkaper, die in der Walkerbucht kalben und deren Ankunft vom "Walausrufer" angekündigt wird (**7**). Diese Aufnahme (**3**) zeigt ein verfallenes Fischerhäuschen in Waenhuiskrans (oder auch Arniston) am Nadelkap, der südlichsten Spitze des afrikanischen Kontinents.

Die Weinbaugebiete des Kaplandes wurden nicht nur durch ihre Weine berühmt, auch die außergewöhnlich hübschen Städte und Dörfer und die liebliche Landschaft trugen zu der Beliebtheit dieser Gegend bei. Das von Simon van der Stel 1679 gegründete Stellenbosch ist die zweitälteste Stadt Südafrikas. Sollte man das Alter nicht in Betracht ziehen, machen es die Sehenswürdigkeiten allein zum beliebten Reiseziel, denn hier bewundert man

1

2

3

4

6

5

Baudenkmäler wie die Krige-Häuschen (**1**) oder verträumte, von Eichen gesäumte Straßen wie diese (**2**). Ihre Vitalität verdankt die Stadt der Tatsache, daß sie im Herzen der Weinberge liegt und obendrein über eine bekannte Universität verfügt.

Das vornehme Hotel Lanzerac (**3**) am Rande Stellenboschs ist für seine erlesenen Speisen weltbekannt. Am Gutshaus auf "Meerlust" (**4**), das zu den wichtigsten Weingütern dieses Gebiets gehört, kann man die schlichte Schönheit des kapholländischen Stils besonders gut beobachten. Obwohl die Türen des Gutes nicht der Allgemeinheit offenstehen, gibt es doch andere Güter, die man besuchen kann, wie "Simonsig" (**5 & 6**). Diese Güter und einige Kellereien sind teilweise der Weinstraße angeschlossen.

1

2

3

4

Franschhoek, die "französische Ecke", erinnert an die harten Pioniere, die Hugenotten, die sich vor der Verfolgung, die sie um ihres Glaubens willen während der Gegenreformation im 17. Jahrhundert erdulden mußten, hierher retteten. Die fleißigen Immigranten ließen sich 1688 im ländlichen Nordosten der Kaphalbinsel nieder, und da einige sich auf die Weinbereitung verstanden, hatten sie ihrer neuen Heimat viel zu bieten. Zu den Sehenswürdigkeiten des Städtchens gehören das Hugenottenmuseum **(2)** und ein Denkmal **(3)**.

Das von den hohen Drakenstein- und Simonsbergen umgebene Franschhoek liegt am Eingang des fruchtbaren Groot Drakensteintals. Hier wird nicht nur Wein angebaut **(1 & 4)**, auch Obstbäume gedeihen gut.

Paarl – die Perle – ein hübsches Städtchen mit zahlreichen, weißgetünchten alten Gebäuden, erstreckt sich in einem breiten Tal **(2)** am Fuße riesiger Granitkuppeln **(3)**, die der Stadt ihren Namen verliehen, da sie häufig im Sonnenlicht wie Perlen glitzern. Die stattliche Niederdeutsch-Reformierte Kirche **(4)** ist nur eines der auffallenden Gebäude der Stadt.

2

1

3

Nach Stellenbosch gilt Paarl als das für die Weinbereitung wichtigste Zentrum. Hier befindet sich auch die KWV, eine halbstaatliche Organisation, die sich um alle den Weinbau betreffenden Geschäfte kümmert. Die KWV verfügt zudem über eine eigene Kellerei und Brennerei, wo der Besucher auf Führungen durch die Weinkeller die riesigen Eichenfässer **(1)** bewundern kann. Nederburg **(6 & 7)** ist wahrscheinlich die bekannteste Kellerei des Kaplandes. Dieses Weingut in der Nähe von Paarl besteht bereits seit 1792, und hier werden heute zahlreiche Qualitätsweine hergestellt. Im Herbst findet hier alljährlich die berühmte Nederburg-Auktion seltener Kapweine statt, wo sich nicht nur die feine Gesellschaft ein Stelldichein gibt, sondern auch große Geschäfte abgewickelt werden **(5)**. Unter Leitung der Versteigerer Sotheby's kommen die bekanntesten Weinmarken des Landes unter den Hammer.

4

5

6

7

Fast zwei Millionen Menschen leben in Groß-Kapstadt, einer Stadt der Schönheit und der Kontraste, die sich vor der großartigen Kulisse des Tafelbergs über die Hügel und Buchten der Halbinsel erstreckt. Hier begegneten die ersten weißen Siedler dem Land, das ihnen den Zutritt zwar nicht verwehrte, es jedoch auch nicht willkommen hieß. Im Sommer wird die Stadt häufig von dem über die False Bay und Tafelbucht wehenden Südostwind heimgesucht, der sich auf das Gemüt legt. Die Winter sind naß – und windig. Ist das Wetter schön, ist die Welt in Ordnung, und die Kapstädter finden ihre gute Laune in der klaren Luft, den grünbewachsenen Hügeln, geschichtsträchtigen Gebäuden, künstlerischen Veranstaltungen wieder. Das Wohlgefühl hat auch viel mit der Art ihrer Bedürfnisse und dem angeborenen guten Geschmack zu tun. An der Ostflanke des Tafelbergs findet man: das über die Kapfläche nach Norden blikkende Rhodes-Denkmal **(2)** mit seinem Teegarten **(1)** und dem Damwild **(4)**; doch auch Waldpfade, die unter der wachsenden Menge der Jogger beliebt sind **(3)**; und Groot Constantia **(5)**, eines der frühesten, zugleich das imposanteste der kapholländischen Gutshäuser. Das ehemalige Wohnhaus des ersten Gouverneurs des Kaps, Simon van der Stel, zeugt von seinem schlichten aber guten Geschmack. Er überwachte den Bau und dessen spätere Vergrößerung mit liebevoller Sorgfalt selbst, und man bemerkte, daß hier "europäische Ideen, asiatisches Kunsthandwerk und afrikanisches Rohmaterial" glücklich vereint seien. Auf dem Weingut wurde von Anfang an Wein gekeltert.

2

1

3

4

5

6

Ebenso interessant sind: der Botanische Garten Kirstenbosch **(6)**, wo zahlreiche exotische und einheimische Pflanzen, auch die Nationalblume Südafrikas, die *Protea cynaroides* **(7)** wachsen, und die Universität Kapstadt **(8)**, deren wundervolle Lage wohl von keiner anderen Universität der Welt übertroffen wird.

7

8

1

2

3

4

False Bay, die falsche Bucht, verdankt ihren Namen der Tatsache, daß frühere, aus dem Osten zurückkehrende Seefahrer sich hier schon in der Tafelbucht wähnten. In einem schwungvollen Bogen erstreckt sich die Bucht von der Kapspitze im Westen bis zum Kap Hangklip im Osten. An dieser über 100 Kilometer langen Küste nimmt das sich schnell entwickelnde Städtchen Strand **(5)** den östlichen Arm ein. Jenseits der Bucht, an weißen Stränden vorbei, die nur hier und da von einem Felsvorsprung unterbrochen werden,

5

6

liegt Muizenberg. Rudyard Kipling, der den Sommer am Kap liebte, schrieb über Muizenberg: "Weiß, wie die vor dem Sturmwind hergetriebenen Strände Muizenbergs." Wahrhaftig, nur die regelmäßigen Sommerstürme beeinträchtigen die Freude an dem breiten Strand mit seinen ungefährlichen, warmen Wellen. Der Kurort mit seinem Pavillon **(4)** und anderen Vergnügungsstätten ist trotzdem bei Sonnenanbetern und Wassersportlern **(6)** äußerst beliebt.

Fährt man von Muizenberg aus die Küstenstraße entlang, geht die Fahrt zuerst an dem netten Fischereihafen Kalk Bay **(3)** vorbei, während man über die Bucht auf den Flottenstützpunkt Simonstown blickt. Endlich gelangt man in das Cape Point-Naturschutzgebiet **(1)** an der Südspitze der Halbinsel. Hier leben Buntböcke, Elenantilopen, Bergzebras und Paviane **(2)**, die einem manchmal zur Last werden können, und man bittet Besucher deshalb, sie nicht zu füttern.

Auch Silvermine gehört zu den Naturschutzgebieten der Kaphalbinsel. Von hier hat man eine unvergeßliche Aussicht über die Kapfläche und die dahinterliegenden Hottentots Holland-Berge **(7)**.

7

1

2

Wenn man von der Kapspitze an der westlichen Küste der Halbinsel zurückfährt, scheint sich die Straße an die Klippen zu klammern, die steil zum Meer abfallen. Von dieser kurvenreichen Straße hat man den herrlichsten Blick auf Noordhoek **(1)**, dessen weißer Strand sich bis zum fernen Kommetjie erstreckt; auf Hout Bay **(4)** mit seinem malerischen, wenn auch oft lärmenden Fischereihafen **(2)**; und auf Llandudno **(3)**, eine exklusive Wohngegend, die sich um eine abgesonderte, kleine Bucht entwickelte. Je näher man dem Stadtzentrum kommt, desto mehr muß die Geruhsamkeit der Hektik des Wohnblockdschungels weichen. Diesen Kontrast erlebt man besonders intensiv im kosmopolitischen Sea Point **(6, 7 & 8)** und an den berühmten Stränden Cliftons **(6)**.

3

4

5

6

7

8

Die alte Lutherkirche **(3)** in der Strand Street gehört zu den ehrwürdigsten Wahrzeichen der Stadt. Bis vor kurzem konnte man in der Long Street eher die Schattenseiten des Lebens kennenlernen. In der jetzt stilleren Straße ist von der schönen, alten Architektur wenig übriggeblieben, auch wenn hier und da noch eine viktorianische Fassade an frühere Zeiten erinnert **(1)**. Das in der Adderley Street am Ausgang des Kompaniegartens gelegene Südafrikanische Kulturhistorische Museum **(2)**, das ehemalige Obergericht, enthält seit seiner Restauration in den

1

2

3

4

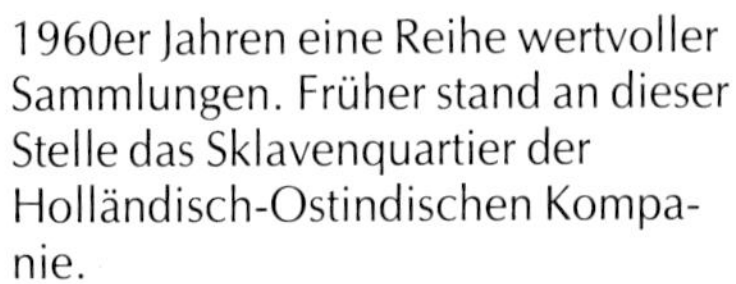

1960er Jahren eine Reihe wertvoller Sammlungen. Früher stand an dieser Stelle das Sklavenquartier der Holländisch-Ostindischen Kompanie.

Das Parlamentsgebäude **(4)** gehört zu den zahlreichen, stattlichen Bauwerken, die den Umkreis des Kompaniegartens zieren. Hier erwuchs aus dem nüchternen Gemüsegarten van Riebeecks ein international berühmter botanischer Garten mit exotischen Bäumen, Sträuchern und Blüten. Kindern macht es besonderen Spaß, die grauen Eichhörnchen des Gartens zu füttern **(5)**, die nicht

5

6

7

8

einheimisch, sondern von Cecil John Rhodes eingeführt worden sind. Die Garten-Synagoge **(8)** ist von uralten Eichen umgeben, die teilweise bereits zur Zeit des ersten Gouverneurs am Kap gepflanzt wurden. Einst brachen sich die Wellen des Ozeans an den stolzen Schutzwällen der aus fünf Bastionen bestehenden Festung Castle of Good Hope **(6)**, die zwischen 1666 und 1679 errichtet wurde. Da man dem Meer Land abgewann, trat es wesentlich weiter zurück, und heute muß die Meeresbrandung dem Lärm der ratternden Züge weichen. Im Malaienviertel oder Bokaap **(7)**, wo sich viele Mohammedaner der Stadt niedergelassen haben, drängen sich die teilweise geschmackvoll restaurierten Häuschen aneinander.

Die Stadtverwaltung hat zwar jetzt in einem neueren Bürgerzentrum ihren Sitz, die Kapstädter gaben aber trotzdem ihre Liebe zu dem alten Rathaus **(1)** nicht auf, in dessen mit riesigen Kronenleuchtern geschmückten Saal noch immer gute Symphoniekonzerte stattfinden. Das imposante, im Stil Edwards gestaltete Gebäude überblickt die große Parade **(2, 3 & 4)**, auf deren Markt man mittwochs und sonnabends alles, einschließlich frischer Blumen oder eines Stoffetzens erstehen kann. Diese Flohmärkte, unter Besuchern und Einheimischen gleichermaßen beliebt, gehören zum Stadtbild. Das zeigt besonders der auf dem Kopfsteinpflaster des Greenmarket Square stattfindende Markt **(5 & 7)**.

1

2

3

4

6

7

8

Die Straßen Kapstadts gehören den Einwohnern, und sogar in der Hauptstraße, der Adderley Street **(8)**, ist der Fußgänger König und kümmert sich wenig um Autoverkehr und Verkehrsampeln. In der Adderley Street finden auch häufig Umzüge statt, sei es die feierliche Parade zur Eröffnung des Parlaments oder das fröhliche Treiben während des Karnevals der Universität. Hier **(6)** amüsieren sich Teilnehmer des alljährlichen Kapstädter Festes.

Die ehemals zur eleganten Heerengracht, einer Durchgangsstraße, gehörende Adderley Street verdankt Charles Adderley ihren Namen. Dieser englische Politiker verhinderte im 19. Jahrhundert durch seinen intensiven und erfolgreichen Einsatz die Gründung einer Sträflingskolonie am Kap.

Im Zeitalter der Apartheid diente die der Tafelbucht vorgelagerte Robbeninsel (Robben Island) als Hochsicherheitsgefängnis, dessen berühmtester Insasse der heutige Präsident Südafrikas, Nelson Mandela, war. Geschichtlich geht die Insel jedoch bereits auf die Anfänge der weißen Besiedlung zurück. Zu ihren historischen Bauten zählen der hübsche Leuchtturm (**1**) und die Anglikanische Kirche (**2**), die der bekannte Architekt Herbert Baker um die Jahrhundertwende entwarf. Für Kapstadts Fremdenverkehr erlangt die Insel vermutlich auch noch Bedeutung, da man hier Landschaft und Küstenmeer unter Naturschutz zu stellen gedenkt. Auch soll das Gefängnis als Museum und Denkmal für die Opfer des politischen Unrechts dienen. Kapstadt schmiegt sich an Tafelberg und Tafelbucht (**3, 4** und **5**), und bis vor ca. 50 Jahren waren Hafen und Stadt noch direkt miteinander verbunden. Landgewinnung und Umgehungsstraßen zerrissen jedoch dieses Band, bis die "Victoria and Alfred Waterfront" abermals zum Bindeglied wurde (**5**). Durch die originelle Sanierung und den Umbau historischer Gebäude entstanden Museen, Appartementhäuser, Kais, Plätze, Fußwege und Wasserstraßen, Märkte, Einkaufszentren (**6**), Fachgeschäfte, Theater, Kinos, Restaurants, Bistros und Bars.

1

2

3

4

5

6

7

1

2

3

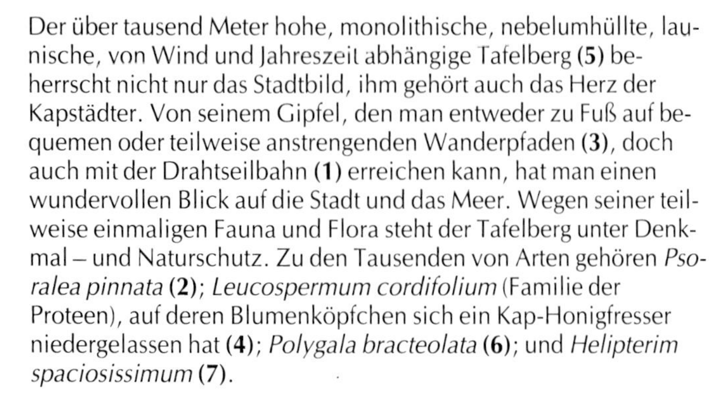

Der über tausend Meter hohe, monolithische, nebelumhüllte, launische, von Wind und Jahreszeit abhängige Tafelberg **(5)** beherrscht nicht nur das Stadtbild, ihm gehört auch das Herz der Kapstädter. Von seinem Gipfel, den man entweder zu Fuß auf bequemen oder teilweise anstrengenden Wanderpfaden **(3)**, doch auch mit der Drahtseilbahn **(1)** erreichen kann, hat man einen wundervollen Blick auf die Stadt und das Meer. Wegen seiner teilweise einmaligen Fauna und Flora steht der Tafelberg unter Denkmal – und Naturschutz. Zu den Tausenden von Arten gehören *Psoralea pinnata* **(2)**; *Leucospermum cordifolium* (Familie der Proteen), auf deren Blumenköpfchen sich ein Kap-Honigfresser niedergelassen hat **(4)**; *Polygala bracteolata* **(6)**; und *Helipterim spaciosissimum* **(7)**.

5

4

6

7

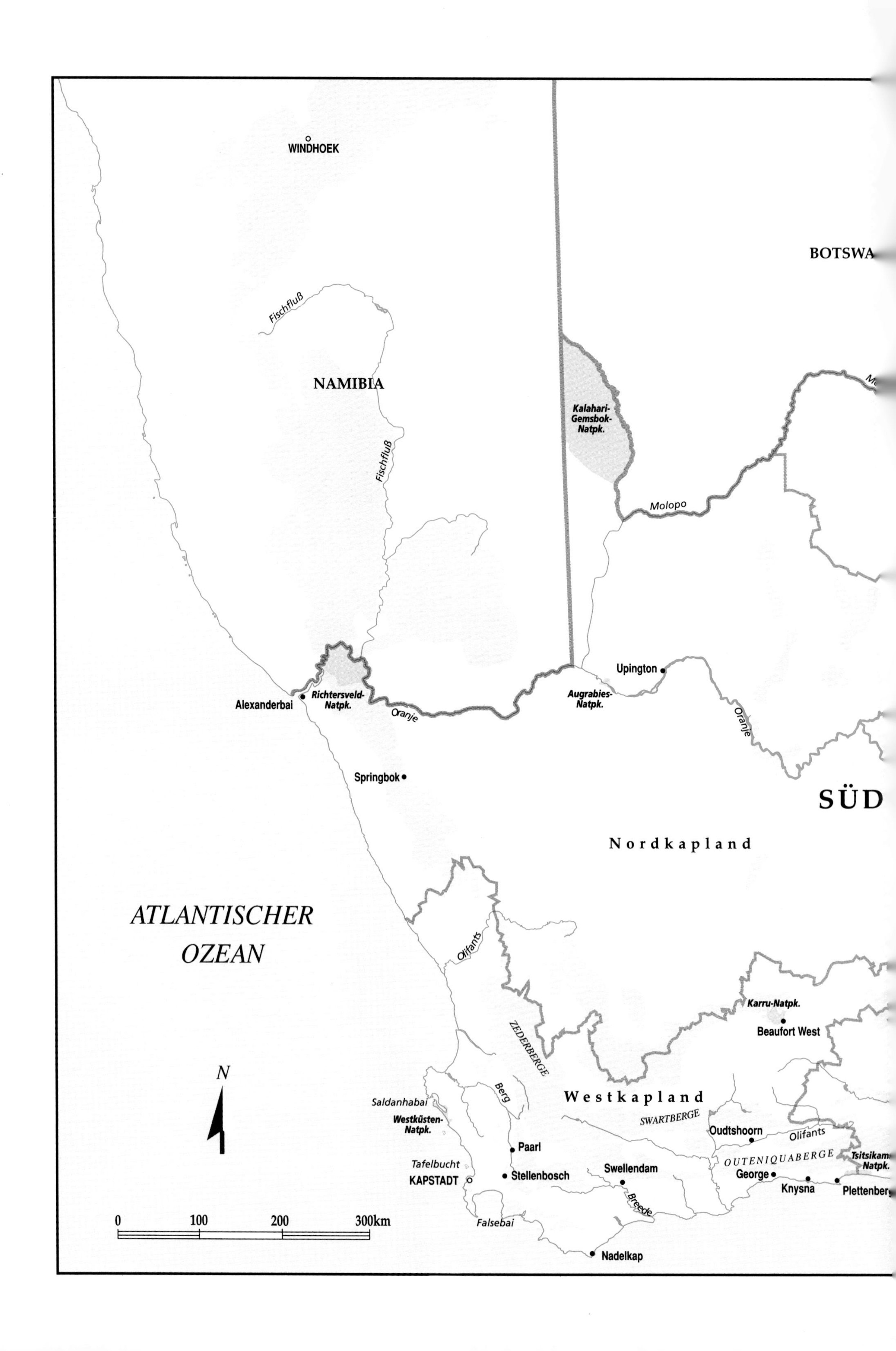

WINDHOEK
BOTSWA
Fischfluß
NAMIBIA
Kalahari-Gemsbok-Natpk.
Fischfluß
Molopo
Upington
Alexanderbai
Richtersveld-Natpk.
Oranje
Augrabies-Natpk.
Oranje
Springbok
SÜD
Nordkapland
ATLANTISCHER OZEAN
Olifants
ZEDERBERGE
Karru-Natpk.
Beaufort West
N
Berg
Westkapland
Saldanhabai
Westküsten-Natpk.
SWARTBERGE
Oudtshoorn
Olifants
Paarl
OUTENIQUABERGE
Tafelbucht
Stellenbosch
Swellendam
George
Knysna
Plettenber
KAPSTADT
Breede
0
100
200
300km
Falsebai
Nadelkap

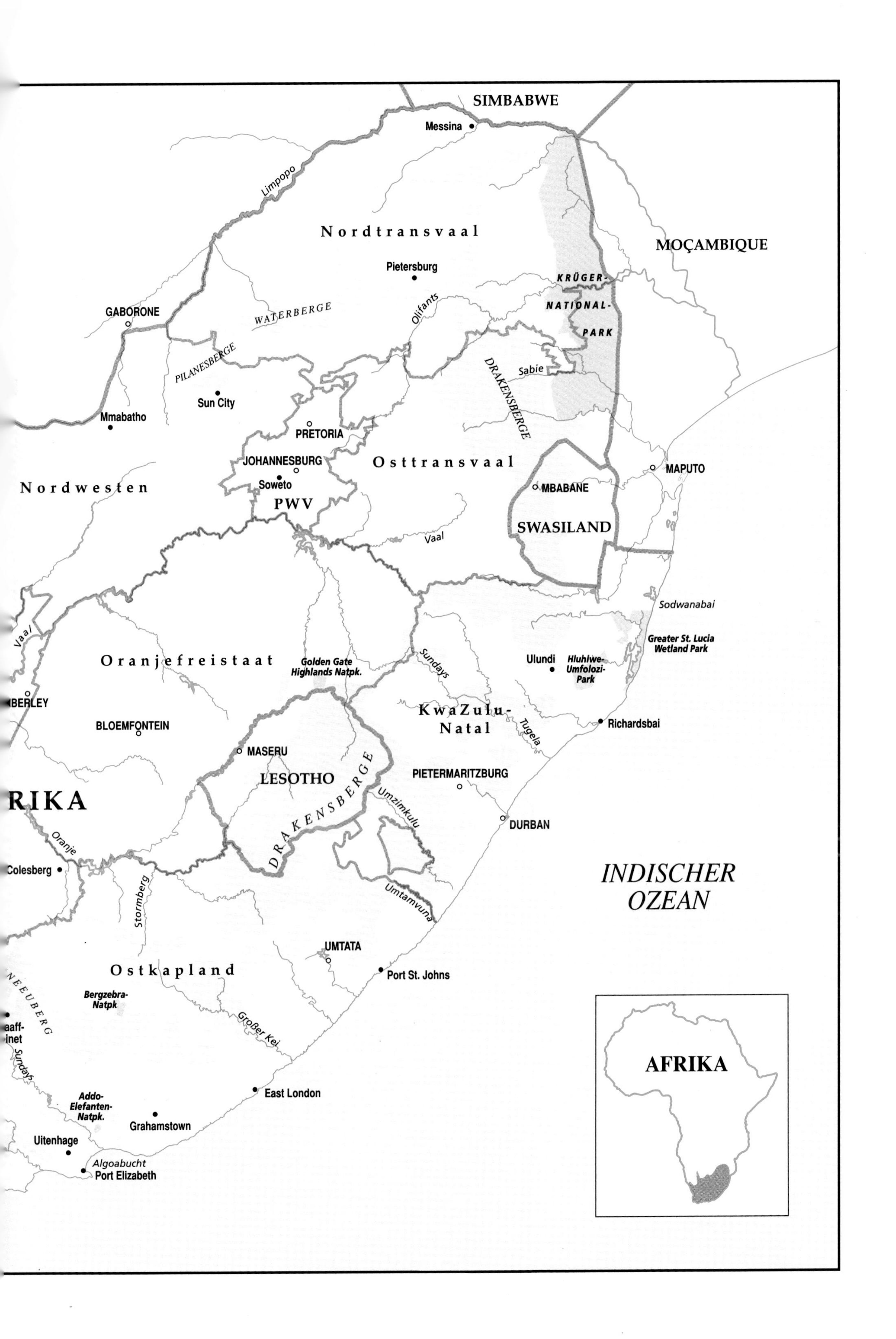
SIMBABWE
Messina
Limpopo
Nordtransvaal
MOÇAMBIQUE
Pietersburg
KRÜGER-
NATIONAL-
PARK
GABORONE
WATERBERGE
Olifants
PILANESBERGE
Sabie
DRAKENSBERGE
Sun City
Mmabatho
PRETORIA
JOHANNESBURG
Osttransvaal
MAPUTO
Nordwesten
Soweto
MBABANE
PWV
SWASILAND
Vaal
Vaal
Sodwanabai
Greater St. Lucia
Wetland Park
Oranjefreistaat
Golden Gate
Highlands Natpk.
Sundays
Ulundi
Hluhlwe-
Umfolozi-
Park
BERLEY
KwaZulu-
Natal
Tugela
Richardsbai
BLOEMFONTEIN
MASERU
PIETERMARITZBURG
LESOTHO
RIKA
Umzimkulu
DRAKENSBERGE
DURBAN
Oranje
Colesberg
Stormberg
INDISCHER
OZEAN
Umtamvuna
UMTATA
Ostkapland
Port St. Johns
NEEUBERG
Bergzebra-
Natpk
aaff-
inet
Sundays
Großer Kei
AFRIKA
East London
Addo-
Elefanten-
Natpk.
Grahamstown
Uitenhage
Algoabucht
Port Elizabeth

INDEX **Fettdruck** bezieht sich auf Abbildungen im Text